目 录

序言　没有领导，就没有创新　柯健　004
致　谢　007
引　言　010

第一部分　创新方程式

第1章　这就是创新　005
发现、发明和创新　006
创新的本质　008
创新及其四个层面　012
创新的传递　021

第2章　寻找灵感　023
灵感时刻　024
一叶障目　024

第3章　预测与管理风险　037
风险及其四个级别　038
投资还是不投资——这是个问题　046

第4章　创新执行　049
三个W　050
把创新带回家　056

第二部分　领导力方程式

第 5 章　领导者在创新中的角色　067
　　领导者义不容辞的责任　069
　　给领导者的一封信　076

第 6 章　创新型领导者的肖像　079
　　艺术家的调色盘——能力和个性　080
　　绘制蓝图　082
　　团队的力量　083
　　扩大你的圈子——关系网络　085
　　一个诸葛亮胜过三个臭皮匠　087
　　领导力的可持续性——平衡生活之美　092

第 7 章　领导力特质　095
　　四种类型的领导力　096
　　神奇的组合　107

第三部分　回报：激活增长

第 8 章　激活员工　115
　　培养创新文化　116
　　黑暗面　127
　　保持简单　130

第 9 章　激活市场　131
　　正面你赢，反面你输　133

你在想什么？ 134
寻求完美契合 135
看到森林中的树 137
用心聆听客户 138
相信我，这对你有好处 139
狂热的粉丝——为你造势 141
闭合回路 144
警惕激活陷阱 146

第10章　激活你自己　149
创新激活计划 151

注　释 166
出版后记 174

序言　没有领导，就没有创新

我认识本书的两位作者简·史蒂文森和比拉尔·卡法拉尼许多年了。史蒂文森是爱迪生的后裔、世界上最大的猎头公司光辉国际咨询顾问公司（Korn/Ferry International）的副董事长，她的工作是为世界顶级企业物色优秀的领导者。卡法拉尼曾任可口可乐研究和创新高级副总裁，现在是土耳其最大的跨国集团Yildiz控股公司的首席创新官和集团研发总裁。两位在各自的商业领域都取得了出色的成绩。

鼎鼎大名的爱迪生，我们都知道他是电灯的发明者，不过很多人可能不清楚，爱迪生真正的贡献是发明了一整套电力照明系统，推动了电灯向千家万户的普及。这也许是比发明电灯更伟大的创新，爱迪生在商业应用而不仅仅是产品中的创造精神，体现了其作为企业家的独特价值。另一位与"创新"一词紧密相连的人物，众所周知是乔布斯。他因其非凡的创新力和想象力而成为世人的偶像，在多个领域（计算机、操作系统、电信、音乐、动画）的突破性创新颠覆了对这些产业的定义，改变了人们的生活方式。

创新产生的影响如此之巨大，人人渴望创新，换句话说，当今社会，只有不断创新，方能跟上时代的步伐。然而，正所谓知难行易。组织当中，机遇与挑战并存，我们希冀自身的成长，也能感受到外部环境与内生力量的双重压力。我们明白真正有生命力的组织得益于顺应潮流的变革，而如何变，何时变，显然是个难题。越是成功的组织，其组织结构越复杂，因循的惯性就越大，变革的阻力相应也会更加难以逾越。商机稍纵即逝，前几年还叱咤风云而今却销声匿迹的企业比比皆是，它们失去商界领导地位的很大原因，往往在于曾经作为组织核心竞争力的优势渐渐失去，而企业又未能及时调整战略，通过创新实现跨越。

有人认为，创新是社会发展前行的动力，但要把创新这个问题的本质分析清楚并指导实践，并非易事。著名管理学家彼得·德鲁克作于20世纪90年代的《创新与企业家精神》一书，正是基于美国经济体系从"管理型"向"创新型"转变这一现实，最早将创新概念与企业家联系在一起，他将创新视为企业管理者工作的一部分。本书则首次将高效领导力与创新的流程和环境关联起来，从创新和领导力两者关系的角度来揭示组织实现突破性创新的内核，提出了"没有领导，就没有创新"。

正如前面介绍的，史蒂文森和卡法拉尼并非专门研究创新理论的学院派，而是投身于商场且大有作为的人，常年与世界500强企业的高管打交道，他们感兴趣的是企业如何通过创新实现增长，领导者在其中扮演了怎样的角色。由此他们将从业几十年的经验提炼出来，通过对成功领导者的观察和与他们的交流，从给出创新的明确定义开始，将创新规律系统化、深入化、科学化，归纳成四种不同类型的创新——变革性创新、品类创新、市场创新和运营创新，分析了与之匹配的四种领导力特征，并用通俗易懂的语言娓娓道来，形成了可供读者参照执行的企业创新工具。

创新不仅是一门学科，更是一种实践。在本书中，你会看到耳熟能详的苹果公司、通用电气公司、丰田汽车公司等世界一流企业的案例，可以学习这些历史上成功走来的企业是如何在创新这一框架下实现转型升级的。研究卓越企业领导者的经验，可以指导更多企业在面对日益复杂多变的环境时懂得如何利用创新求得生存与发展。无论你处在组织的哪个位置，是实现个人价值的创新者还是引领组织变革的管理者，本书提出的模型都可以为你所用。通过阅读本书和自身的实践，你可以为自己或所在组织找到最佳创新路径。本书在美国甫一出版，就得到了各方面的广泛好评与积极反馈，许多大公司与机构研读此书中的案例，学习先进的创新管理理念，商学院的教授则通过本书来重新评估领导力在创新中的作用。

西方商业社会远较中国成熟，那些百年老店得以屹立不倒的奥秘正在于传统之上的不断创新。中国企业在经历了向西方学习先进生产技术、先进管理手段之后，开始要向成熟的经济体学习如何让组织升级，如何让产业升级，也就是要学习企业的可持续发展，这其中创新无疑是最重要的概念。我们全社会也正从"管理型"向"创新型"转变，身处其中的每个人尤其是企业家更应不断学习以应对这一新的挑战。秉持这一理念，作者和我本人欣然将《大创新》一书介绍给中国读者，衷心希望本书的理念在中国得到更多企业家和有识之士的关注，将西方先进的创新经验与中国企业的现实结合起来，生发出更多、更好的创新实践，推动中国企业摆脱以往的跟随、模仿路线，走向实质性的变革。从这个意义上来说，我们的努力本身也是一种创新。

  本书得以顺利在中国出版，得到了许多朋友的支持与帮助，在此我要特别感谢香港新民主出版社的冯国雄先生以及 Greenberg Traurig 律师行的高级合伙人杰弗里·史密斯（Jeffery Smith）为本书所做的贡献。

柯　健

美国鼎泰信诚投资集团董事长

美国亚特兰大市

2012 年 10 月 31 日

致　谢

我们对下列人士的感激之情无以言表，感谢他们愿意花时间和我们一起探讨有关创新和领导力的话题，并和我们分享他们的故事。他们对书中创新框架和概念的确认所做的贡献是无价的！我们只希望在这本书中有足够的篇幅分享他们所有的见解、引证与经验。

安吉拉·阿伦茨（Angela Ahrendts），巴宝莉集团首席执行官

普里提·班纳吉博士（Prith Banerjee），惠普公司高级副总裁兼惠普实验室主任

彭安杰（Ajay Banga），万事达公司总裁兼首席执行官

乔斯·巴雷利亚（Jose Barella），梅里亚公司首席执行官

卡伦·巴塞安（Karen Basian），美康食品公司战略、兼并/收购与创新副总裁

布鲁斯·奇岑（Bruce Chizen），Adobe 公司前首席执行官

蒂姆·克拉克（Tim Clark），阿联酋航空公司总裁

贝丝·康斯托克（Beth Comstock），通用电气公司高级副总裁兼首席营销官

珍-米歇尔·科塞里（Jean-Michel Cossery），通用电气医疗集团首席营销官

彼得·达比（Peter Darbee），太平洋燃气和电力公司主席、首席执行官兼总裁

埃伦·德·布拉班德（Ellen de Brabander），梅里亚公司全球研发高级副总裁

马克·杜津斯基（Mark Dudzinski），通用电气能源公司首席营销官

康米·达纳韦（Cammie Dunaway），任天堂美国公司营销与销售执行副总裁

艾德丽安·丰塔内拉（Adrienne Fontanella），美泰公司前执行副总裁兼集团总裁

比尔·福特（Bill Ford），福特汽车公司执行主席

法布里奇奥·弗雷达（Fabrizio Freda），雅诗兰黛公司总裁兼首席执行官

维罗妮卡·佳拜-平斯基（Veronique Gabai-Pinsky），雅诗兰黛公司全球品牌总裁

哈维·格杰翁（Harvey Gedeon），雅诗兰黛公司研发、公司产品创新执行副总裁

马丁·格伦（Martin Glenn），鸟眼食品公司首席执行官

克里斯蒂娜·戈尔德（Christina Gold），西联国际汇款公司前首席执行官

布莱恩·戈德纳（Brian Goldner），孩之宝公司总裁兼首席执行官

杨金国，中国农业银行融资租赁有限公司首席执行官、总裁

贝特西·霍尔登（Betsy Holden），麦肯锡公司高级咨询师；卡夫食品美国公司前首席执行官

伊莱·赫维茨（Eli Hurvitz），以色列梯瓦制药公司董事长

麦克·埃德戚克（Mike Idelchik），通用电气公司高级技术副总裁

杰弗里·伊梅尔特（Jeffrey Immelt），通用电气公司董事长兼首席执行官

布鲁诺·雅克泰尔（Bruno Jactel），梅里亚公司首席营销官

帕特里克·贾维斯（Patrick Jarvis），通用电气全球研发中心沟通和公共关系经理

马可·杰西（Marco Jesi），意大利香水店连锁 Limoni 董事会主席

迪安·卡门（Dean Kamen），美国德卡研究开发公司创始人兼首席执行官

柯健（Patrick Ko），美国鼎泰信诚投资集团董事长兼总裁

马克·利特尔（Mark Little），通用电气公司高级副总裁、研发中心总监

山姆·马克斯（Sam Marks），Marks Worldwide 公司首席执行官

默里·马丁（Murray Martin），必能宝公司首席执行官兼总裁

迈克·麦卡利斯特（Mike McCallister），胡玛娜公司董事长、总裁兼首席执行官

谢莉·麦科伊（Sheri McCoy），强生公司制药集团全球主席兼首席执行官

戴尔·莫里森（Dale Morrison），美康食品公司首席执行官兼总裁

丹尼斯·莫里森（Denise Morrison），金宝汤公司执行副总裁、首席运行官和董事

达丽娅·迈尔斯（Daria Myers），雅诗兰黛公司全球创新与可持续发展高级副总裁

伊莎贝尔·诺沃亚·庞顿（Isabel Noboa Ponton），Consorcio Nobis公司创始人兼执行总裁

丹·普罗佩尔（Dan Propper），雀巢食品加工与投资公司董事会主席、前首席执行官

乔宝云（Baoyun Qiao），中国公共财政与政策研究院院长

拉贾·拉贾马纳尔（Raja Rajamannar），胡玛娜公司执行副总裁、首席营销与创新官

T. P. Rao 博士，日本太阳化学株式会社营养食品部经理

迈克尔·桑兹（Michael Sands），Balance Bar公司首席执行官

布雷特·谢瓦克（Brett Shevack），Brand Initiatives Group创始人兼首席执行官

杰弗里·史密斯（Jeffrey Smith），格林伯格特劳里格律师事务所大股东、常务董事

穆拉特·尤尔科（Murat Ulker），Yildiz控投公司董事长兼首席执行官

刘新力（Liu Xinli），上海市国家税务局副局长

吉姆·扎扎（Jim Zaza），Yildiz控投公司集团总裁、首席营销与战略官

引 言

有时候你会遇到一个人，与你的观点如此接近甚至完全吻合。创作本书即源于这种情形的出现。2006年，比拉尔·卡法拉尼结识了简·史蒂文森，当时简·史蒂文森正在执行一项可口可乐公司的任务。她要寻找一位有经验的变革推动者，通过突破性的商业理念帮助公司恢复顶线增长，她找到了比拉尔。她找到的不只是一位成功的候选人，更是一位志趣相投的人。

第一次会面时，比拉尔和简发现他们有共同的目标，希望通过一本书分享彼此关于创新和领导力的学习心得——而且这种学习应该是广泛的。比拉尔曾任宝洁公司、卡夫食品公司、菲多利公司的全球创新执行官，现为可口可乐公司研究和创新高级副总裁，他的丰富阅历是《大创新》这本书的第一手资料。在比拉尔加入之后，可口可乐公司首次跻身《商业周刊》（*Business Week*）评选的2009年25家顶级创新公司之一。他本人同时被《商业周刊》誉为全世界最顶尖的25位创新大师之一。他拥有与众多世界顶尖品牌合作的难得机会，并由此感受了各种领导风格与商业环境的优势和责任。

简·史蒂文森是光辉国际咨询顾问公司的副董事长，她是招聘增长和创新型领导者的行业专家。作为这个领域的先驱者，她曾负责招聘许多第一任首席创新官和首席执行官，这些人都专注于通过创新实现企业增长。在过去的两年里，她本人是这个行业的标志性品牌，《商业周刊》将她评为全世界最具影响力的100位猎头顾问之一。

在比拉尔和简继续商谈一起写书的过程中，他们逐渐确定，这是一项具有显著重要性的创新项目。他们的共同见解提供了一个独特视角，解读创造突破性创新以及成为这些创新的领导者的精髓。这一视角出现的时机再合适不过了。创新不仅仅是这十年来最热门的话题；它也是一种商业需要。

它是一剂必须找到以实现可持续增长并驱动股东价值的难以捉摸的灵丹妙药。事实上，我们很难找到一家没有在寻求开发、植入或者获得创新能力的组织。

不幸的是，许多公司没有意识到领导力和文化变革在达成企业想要的目标方面所扮演的重要角色。相反，高级主管们经常寻求能够实现成功的创新流程与方法。他们认为创新差距仅仅是一个技术问题，只要用创新流程包装现有基础架构就可以实现他们所需要的增长。这就是为什么存在这样一种习惯做法：聘请外部顾问开发新流程或者在营销、战略或研发工作上确立内部负责人，以此推动全公司的创新。

这些做法也许会被人们所接受，但这不会使它们变得正确。我们一次又一次地发现，那些能够准确驾驭创新的公司都是由有胆识的领导者所带领的，这些领导者明白，创新和领导力有着千丝万缕的联系。事实是，简单地把创新职责外包给外聘顾问或是分派给内部变革推动者都是不可能成功的。责任应排在第一位。就像一个伟大的交响乐团需要一位指挥一样。没有指挥，即使整个舞台上都是演奏家，你所拥有的也不过是一群有才华的乐师而已。然而，有了愿景和领导力，你就拥有了掌控全局并创造经典之作的非凡能力。

在商业上也是如此。和指挥一样，首席执行官提出愿景，制定最佳行动方案，并决定如何领导他或她的人才队伍以发挥他们的最大优势。站在指挥台上，指挥家明白，整个音乐大厅里每名演奏者在自己的位置上只能听到自己演奏的器乐声，对首席执行官来说道理也是相同的。只有音乐大师能够聆听到所有器乐交相辉映的声音，然后确定基调，带给大家异乎寻常的体验。在我们预见的未来，领导者们变成了传奇的指挥家，而他们的公司变成了高艺术水准的交响乐团。这就是我们写作《大创新》这本书的缘由。

很多书中曾写到高效领导力提供的创新流程和环境，但很少提到如何将两者关联起来。这是我们想要填补的空白。构想出真正的创新的精髓在于领导力，但如果没有适宜的文化环境，创新的种子很难结出商业成果。正是这个"充满魔力"的组合，帮助一些领导者创造出一台以企业员工为燃料的可持续发展的创新引擎，而另一些人则可能明明拥有创新的增长潜力却最终失败。

在《大创新》这本书中，我们将考察这些事情为什么发生以及如何实现不同类型的成功创新，这其中包括：能够不抵押公司的未来而拓展潜能的风险预测，能持续带来客户满意度的质量参数，在培育适宜商业环境时必不可少的文化因素，以及发挥出员工最佳能力的领导技巧。我们也将界定身处商业、技术和客户服务交叉地带的成功创新领导者们所具备的独特能力，这种能力使他们的公司赢得市场成功变为可能。我们也会通过这些话题，考察和剖析一些内在矛盾——那些存在于风险与报酬之间、复杂与简单之间、终极授权与完全无政府状态之间，以及确保安全与什么都不做所付出的代价之间的矛盾。

为了确保我们的观察结果和理论是正确的，我们与众多首席执行官和高管进行了沟通和探讨，他们有的在创新领域取得了非凡的、长期的成功，有的则痛苦地从创新失败中汲取了经验教训。他们来自全世界不同地区、不同行业。我们行走整个美国，拜访了福特、通用电气、惠普、万事达、雅诗兰黛、胡玛娜（Humana）和必能宝（Pitney Bowes）等公司。我们的行程从意大利到伊斯坦布尔，从中国到墨西哥，从厄瓜多尔到迪拜。贯穿整本书，我们突出强调了那些首席执行官和高管们与我们分享的一些故事和洞察力，不仅关注他们已经取得的成就，还有他们所展望的未来。除非另有说明，所有引用和相关案例都来自我们的访谈和交流。

我们也分析了历史上的创新领袖，我们确信，从这些奠定今日世界基础的人们身上所学到的经验教训必定是无价之宝。像亨利·福特、赫尔曼·雷和托马斯·爱迪生（与简同世系）这样的人将把我们带回不同于我们自己的时代。像我们一样，他们的世界充满变数、可能性、技术突破和风险。我们将带领你追随他们的脚步，揭示发明如何带来足以创建帝国的巨大创新。连同我们的研究、我们的行程和从他们的故事里所获取的见解，我们将加起来超过50年的经验转化为关键的洞察力，这些洞察力将为创造巨大的商业成功、激活能够激励和鼓舞每个人的环境提供平台。

这些洞察力中，有创新的要素和一个优雅简洁的模型，它揭示了能够实现增长的四种创新。我们将其定义为变革性创新、品类创新、市场创新和运营创新，每一个创新层面都能提供独一无二的机会。这些不同类型的创新会出现在社会、商品种类、客户或公司的不同层面上，适用于公司的成长中不同的市场条件和时间要求。它们使创新之泉在公司内部持续流淌，使创造最大价值成为可能。

在不同的层面，我们也将探究领导力特征和孕育每种创新的环境类型。这些描述和一些简单易行的模型可以帮助你更好地了解你是否把合适的人安排在合适的职位上。最后，我们将讨论如何以一种降低风险和提高成功机会的方式来激励创新。其核心是，创新是关于如何突破禁锢和掌控市场的艺术，使用最优秀的员工、技术、商业遗产和资源——这一切都是以客户需求为驱动的。

在《追求卓越》（*Search of Excellence*）和《从优秀到卓越》（*Good to Great*）这样的传统书籍中，作者通常表达自己的观点，同时提供给你参照执行的工具。我们相信当你读完《大创新》最后一页时，你将备受鼓舞并满腔热情地去实施书中所讨论的原则。而且，很多引导创新的最重要元素将变得简单易行。然而，如果缺乏意识和良好的谦卑态度，创新可能依旧是难以实现的。

从始至终，我们的目的在于吸引你对创新的关注，投入你的聪明才智，唤醒那种创新是可能的感觉。我们希望这本书能够成为每一个组织在追求最优的过程中与之相伴的有用参考书，并引领其他人实现他们在真正的创新环境才能实现的目标。我们相信，从现在到未来的几十年中，这条道路将永远地改变你对创新与领导力的认识，以及创新如何帮助你的公司。改变从这里开始。

不要去路径指引的地方；
走没有人走过的路
并留下足迹。

——拉尔夫·瓦尔多·爱默生

BREAKING AWAY | 第一部分
创新方程式

如果说有一个时代，创新需要成为一项最高指导原则，那就是今日的世界。今时不同往日，消费者已经不再满足于在屋子里摆放他们的第一台冰箱，或者在车库放上一辆二手车和全新的维修工具。现在是二十一世纪，纵观人类历史长河，从来没有像今天这样，消费者所面对的是如此丰富的产品和服务、如此繁多的选择和如此多样的购买方式。这一切势不可挡，并且对很多人来说，积累财产也不再那么重要。持这种态度的原因很简单。在许多发达国家或地区，人们已经拥有了大多数他们所需要的，但是他们所欲求的却正在发生变化。他们不再位于马斯洛需求等级的最底层，在这一层面人们不得不解决最基本的生存需求。人们的需求在逐步进化。今天，人们渴望与他们所购买的产品之间达成情感和心灵上的契合。

在一份2007年的关于消费宏观趋势的报告中，哈特曼集团（Hartman Group）表示，重新界定生活质量——不再是产品和服务——将成为未来十年间最大的市场发展趋势。对很多公司而言，这种新的消费观念很难去把握。我们过去常常为了某项用途而创造商品，除了执行某项任务以外，不去思考它将如何影响别人的生活。但是，它其实正在产生影响，满足"欲求"，驱动着未来几十年的创新。

商业世界也发生了许多改变。今天，我们按季度评估公司，对领导者的职业生涯来说，真正的创新比以往任何时候都更具风险。传媒报道、董事会和社会媒体的高能见度使得每个人都能够去猜测其他人，过失或失误——不管是真实的还是想象的——都不可能长时间不被察觉。使事情更为棘手的是，世界金融环境风险加大，限制了曾经依靠的投机资金来源。这些不可能迅速改变。因此，出现了那些不知道自己想要什么的消费者，还有正在破坏我们创新所需要的安全和机会的商业环境。

然而，对于那些能够驱动可持续增长的重大突破和创新项目的需求却比以往任何时候都要多。事实上,"创新还是死亡"已经成为了二十一世纪企业的主题曲。有一位高管曾经问我们,"商业世界正处于死亡漩涡中吗?"我们犹豫要不要说"是",真相是如果很多公司不努力进行创新的话,它们的前景将无比凄凉——尽管创新之路荆棘密布。

上述问题的原因来自三个方面。首先,我们生活的时代,"创新"这个词汇常常被误用、被滥用,甚至成为拒绝冒险的保护盾。问题在很大程度上缘于这样一个事实,我们讨论创新的时候没有通用的语言结构。由于这一不足,真正的创新经常在创新语言中丢失,人们说的是一件事而做的却是另一件事。其次,缺乏使每个企业以自己独特的企业文化和商业方式为荣的内部创新框架。最后,是关于风险的问题。尽管对大多数首席执行官来说,找到方法评估风险是头等大事,但这样的方法经常难以落实。

在《大创新》这本书中,我们将带你进行一段旅程,以容易理解和有实际操作性的方式来解决这些问题和界定创新。我们也会与你分享那些我们访问众多世界顶尖的领导者、与他们长时间讨论和辩论后所获得的真知灼见。在旅途中,我们将介绍一种任何公司都能使用的开创性模型,这种模型基于四个不同的层面来探索创新。我们也将向你展示如何以及在哪里寻求个人突破的灵感。最后,我们将考察如何以一种全新的方式来看待风险,并且运用它实现从灵感到商业绩效的迅速飞跃。

创新也许很难定义,但有一件事情是肯定的——没有创新,你将无法生存。如果你不能真正地理解它,你也会无法实现创新。那么,什么是创新呢?

第 1 章

这就是创新

玫瑰的芬芳不在于名字

创新从未像今天这样在如此
短暂的时间给予如此
多的人如此丰富的许诺
——比尔·盖茨

时间回到 1752 年。天空乌云密布,一对父子穿过一片空地,朝着一幢小屋走去。没有人知道他们去那儿,也没有人知道他们想要完成什么。如果他们成功,时间将记录下这一刻;如果他们失败,也没有人能未卜先知。暴风云在聚集,父亲启动了他精妙的装置——一个风筝,引线用麻绳拧成,再用一段不导电的丝线将一把铁钥匙系在绳端。他用丝绸将手包裹住,看着风筝缓缓升向天空,并用心等待。

预想的云层一个个通过,期望的事情却没有发生。就在他们打算放弃的时候,父亲留意到一些原本松散缠绕的麻线开始变直,就好像突然有事情发生时,人脖子后面竖起的汗毛。在好奇心的驱使下,他把指关节移向悬挂着的钥匙,一个电火花出现了。雨水渐渐浸湿引线,更多的电火花冒了出来,这是第一次,本杰明·富兰克林看到了后来他命名为"电火"的东西。

其实很多人都听说过富兰克林和他著名的风筝故事。然而,大部分人没有意识到,他不是第一个去验证"电和闪电是同一种东西"这一理论的人。他并不知道,一个月前,受富兰克林的作品启发,法国自然学家托马斯－弗朗索瓦·达利巴德(Thomas-Francois Dalibard)曾做过同样的实验,但结果失败了。[1] 在听到富兰克林风筝实验的几个星期内,整个欧洲的人都在重复着相同的实验。那么,为什么富兰克林被称为电学之父,而其他人仅仅只是注脚呢?原因非常简单:除非发现能够带来发明和创新,否则即便是发现电这样意义深远的事情对普通人来说也毫无意义。我们之所以铭记本杰明·富兰克林,是因为除了他的发现之外,他和他的后继者还创造出许多发明,并且经由这些发明,产生了一系列改变我们这个世界的创新。

在本章,我们从为创新创建一个普遍的语境来开始——它与发现和发明的区别是什么,它的定义是什么,以及它的关键组成有哪些。我们也将着眼于创新的顺序,像富兰克林一样从好奇心开始,并通过实验取得进展,进而被使用、被采纳或推动社会变革。最后,我们将揭示真正的财富——一个简单而考究的创新模型,它将改变创新被界定的方式以及在世界各地的董事会、高管会议和在教室里被谈论的方式。在此过程中,我们还将向一些历史上最杰出的创新者们学习,向现代社会中精通独一无二的创新方式的领导者和企业学习。他们的故事将有助于形象地展现创新的工作原理,告诉你如何用一种你未曾设想过的方式实现公司的变革。

发现、发明和创新

思考创新时,很多人容易掉进的陷阱之一,是将创新这一术语与它更知名的两个表亲相混淆——发现和发明。虽然这三者有一个共同的元素"新",但它们本质上是同一谱系的不同分支。弄清楚它们之间的差异是简化创新的第一步。

这一谱系的根源是发现。受好奇心、人类需要和洞察力的驱使,发现揭示了一些前所未知或未被认可的事情。它不仅仅是新的;它是所有人无法想象的,只有极少数拥有好奇心的人才可能想到。富兰克林的发现令人振奋,但事实上,对公众而言,它最初是没什么用途的。为了使他的发现更有益,我们需要进行发明。

发明出现在某些事物已知时——例如关于电的想法——通过实验转变

成某些新的事物。富兰克林运用他的发现发明了首个关于电的商业应用——避雷针。自此以后，其他人又以他们各自的洞察力来促进电的发展。受这种精神鼓舞，一百多年之后，一个叫做托马斯·爱迪生的年轻人，毫不夸张地说，他点亮了整个世界。

爱迪生通常被认为"发明"了灯泡，但事实是没有一个人能独享这份成就。爱迪生所做的是组合新的材料和系统，改良了一个简陋的、有五十年之久的照明设备，制造了第一个实用的白炽灯泡。这份成就不是一朝一夕完成的。事实上，灯泡的发明花费了许多年、多位科学家和超过900次验证哪种材料可用的试验。

1879年12月，在美国新泽西州的门洛帕克，爱迪生第一次向公众展示了他能够长时间持续使用的灯泡，那里诞生了可能是他最重要、但是最不为人知的成就：世界上第一个工业研究实验室。实验室致力于不断地创新和改良，它是工程师和研究精英们的家园，他们在爱迪生的指导下，从事电话、留声机、电气铁路、当然还有电灯泡的研究工作。到1880年，实验室已经可以开发商业电力照明设施。不久之后，爱迪生成立了他的第一家公司，生产在门洛帕克构想的产品。这是电气工业商业化的开端，该公司即是今天我们所熟知的通用电气。

这一顺序——发现揭示问题、发明创造事物、创新将想法拓展为消费者想要购买的商品——已经在历史长河中反复出现。爱迪生的天才之处在于他认识到这个顺序并付诸大规模实现的能力。在他的一生中，他实现了"把好东西带进生活"的使命。正是由于他所做的事情，社会改变了，世界也改变了。

照明、汽车、电话和互联网或许因为发明已经变成可能，但它们依靠创新才成为现实。没有电的使用，它们中没有一个可以存在。你能追溯公司所提供的产品和服务到爱迪生身上吗？你能在公司的DNA里看到其他诸如车轮、石制工具、甚至洞穴壁画这些伟大发现的印记吗？如果你是一名美国强鹿（John Deere）、家得宝（Home Depot）或脸谱（Facebook）公司的高管，你将在那些往昔的发现中找到你的历史足迹。沿着你的起源行进，将会给你一个可能从未有过的视角。认识创新的根源是发现周围的创新机会的第一步。

创新的本质

今天，几乎每一位商业领袖都会同意，理解和掌握创新是公司面临的最重要挑战之一。创新是过去一百年来辩论、讨论、研究和争论的主题。因此，当我们与商业领袖们谈论创新时，这一结果并不意外——没有两种想法是完全相同的。

任天堂美国公司营销与销售执行副总裁康米·达纳韦（Cammie Dunaway）将创新描述为"消费者见解、市场机会以及开发某项产品或服务的交汇点"。万事达公司董事长和首席执行官彭安杰（Ajay Banga），定义创新为"一个本身可以衡量的想法。如果你不能衡量它，它就不是真正的创新。" 福特汽车公司执行主席比尔·福特说，创新包含"使人们的生活更美好的产品和工艺"。

这些观点没有一个是对或错的；它们只是不同。正是这些在思考什么是创新时出现的不同，使得我们谈论创新、最大化创新的价值，并在很多真正进行创新的时候感到困惑。

其实，这种困惑的原因很简单。随着时间流逝，创新这一词汇已经被作为一个总称在使用，从真正的突破，例如混合动力汽车，到产品特性或生产流程的改变，可以被标记为"新的"东西，其中的一切都可以称为创新。革新不是创新。使一件产品更通用的技术调整，或加装新功能以使其能够跟上市场竞争，并不会设置更高的界限。要成为真正的创新，某项产品、服务或某家公司必须具备三个基本要素：它必须是独特的，它必须是有价值的，它必须是值得交换的。

独一无二

通常我们想到创新时，会想到"新"而不是"独特"。这可能看起来只有一点小差别，但在创新的世界里，差别是巨大的。"独特"在创新的时代代表着它是独一无二的，唯一的那个——过去没有人做过的。另一方面，"新"可以意味着从重新开始到更新的或是恢复活力的任何事物。想要具备创新性，你必须是独特的。

在动物保健领域想要提出某些独特的东西并不容易。就科学来说，开发一项新技术并大规模地推广应用可能需要花费若干年，甚至几十年。梅里亚公司（Merial）是一家全球性的动物保健机构，它几乎使这一切看起来很容易。他们找到了一种方法将化学分子转变成彻底变革宠物工业的产品。任何一个拥有猫或狗的主人可能都知道这个名字：前线（Frontline）。

所有人都会印象深刻，清理跳蚤是件麻烦事，而且还缺乏有效的过程。洗涤剂、粉末和灭蚤颈圈满市场都是。尽管这些补救方法只能维持数天，但它们仍然是唯一有效的选择。开发出全新的"前线"产品后，梅里亚知道它将使一切变得不同。宠物主人可以通过在宠物的脖颈后面涂抹一滴液体来保护他们的宠物，这还是第一次。十二小时之内，跳蚤就会死亡，并且跳蚤的繁殖周期也会停止。更重要的是，这一效果能持续整整一个月。如果一切顺利的话，梅里亚的产品将是一个品类杀手。但是这里有一个问题。

在"前线"产品启动的同时，另一家公司也在推介它们的产品，基于另一种不同的化学分子。每一种产品都拥有独特的效果，但能够存活下来的只可能是一个。因此，梅里亚再次推出了某种独特的东西。这次，是一种营销方式。"因为这个产品是一种控制跳蚤的全新方法，售价会比一般产品价格高，因此我们知道，必须快速地教会宠物主人如何使用，"梅里亚首席营销官布鲁诺·雅克泰尔（Bruno Jactel）如是说。"我们也了解这一事实，人们对自己的宠物有强烈的情感依恋，因此他们需要信任我们。我们采用了一种双管齐下的方式，通过专业的分销渠道推广我们的产品，例如兽医，与此同时，通过直销拉拢消费者。"这种方式不只对公司，对兽医、诊所、宠物商店和药店来说也都取得了巨大的成功。

"前线"产品最初计划销售 2 亿美元。到 2000 年，它的销售额每年增长 15% ~ 20%；到 2007 年，累计销售额已经达到了十亿美元——其他同类型的产品无法企及。[2] 竞争者望尘莫及。

确定有价值

"前线"还有其他的事情要做，而不只是解决了一个普遍问题。无论如何，并非仅仅因为它的效力使这一切得以成功。"人们非常关心他们的宠物，"雅克泰尔说，"因此，这绝不仅仅是照顾宠物的问题。爱和责任也是其中的因素。在某种程度上，当人们对自己的宠物感觉良好的时候，他们对自己也会感觉良好。"换句话说，这是超出货币的一种价值——而这就是创新的第二个必要条件。能够被定义为"对人类生活有积极影响的某项产品、服务或是某家公司"，价值一定是创新的核心。事实上，究其本质来说，创新意味着改进或是加强具有当前可行性的事物。

雅诗兰黛公司的生意是帮助女性觉得漂亮。它关注化妆品和皮肤保养的科技与艺术，并以此作为首要出发点。它的实验室所研发的产品在于满足女性感知、感觉和预见到的需求。这一过程包含关注时尚、不同年龄的生理和心理问题，以及社会趋势。作为产品创新者，雅诗兰黛是最优秀的公司之一，但真正使公司立足市场的是它所提供的客户体验。

"我们希望女性对我们产品的体验就好像是她们必须使用一样，"雅诗兰黛公司总裁兼首席执行官法布里奇奥·弗雷达（Fabrizio Freda）说道，"我们希望女性发现她们的美丽。这就是为什么我们的销售顾问要花时间与客户在一起，帮助她们看到自己最好的一面，然后与客户保持联系，做她们的个人顾问。这种同伴式的服务同时也发挥着市场调查的作用。她们是我们与消费者最直接的链接，我们的眼睛和耳朵能深刻地感受到客户的需求和想法。"

这种通过建立个人联系以获得消费者洞察力的经营理念，是雅诗兰黛公司"客户定制式购物体验"创新的由来。销售顾问经过培训能够迅速判断一位女士是打算花几分钟时间挑选一件商品，还是花费半小时做一次化妆品咨询。没有什么是预先假定的。认识到现在并不是每个人都在商店买东西之后，雅诗兰黛公司开发了一个提供化妆品教学的交互式网站，它可以带给用户与现实世界一样丰富的虚拟体验。通过与消费者保持高度一致，雅诗兰黛公司确保它能够为每一位女性客户的美丽需求提供正确的解决方案。

举个例子，2010年，雅诗兰黛的营销部门发现在社交网站上公布照片会让女性觉得有压力。作为对策，公司开发并启动了一项活动，"你的美丽，你的风格，你的形象"，邀请公司最知名的化妆师为每一位女性客户设计完美妆容。随后，一位专业摄影师会进行拍摄，并通过电子邮件把照片发送给客户，这样她就可以立即上传照片到她喜爱的网站。

虽然这些活动对于客户是免费的，但是用于创造这些美丽妆容的化妆品和护肤品的销售带来的收入很可观。而且，这类活动真正的收益是创造了一个双赢的局面：女性感到自信、美丽和物有所值，而公司继续赢得市场占有率，并培育了自己的客户群。"这种客户定制式购物项目革新了我们与消费者做生意的方式，"弗雷达说。"这种创新根本性地改变了我们的商业模式，并戏剧性地提高了消费者满意度和客户购买率。它同时也改变了我们的竞争对手的商业模式。"

值得交换

创新的第三个也是往往容易被忽视的要素，我们称之为"值得交换"。当前面两个要素都满足以后（你拥有了某些能够传递真正价值的独特事物），那么，人们乐意付出或交换一些东西去得到你拥有的。这种交换最容易被定义为一种货币行为，但其实它也可以是智力方面的，例如，不同大学或研究人员们分享发现。它也可能是情感方面的，以换取时间、忠诚或支持这样的方式出现，例如，人们会对人类家园（Habitat for Humanity）这样创新性的慈善项目表现出恻隐之心。

然而在商业文化中，商业上的成功——或者至少是一个可以赚钱的机会，一份合理的投资回报——通常是我们用来判断创新可行性的标准。如果它不能在商业上取得成功或是不值得交换，那么它就不是创新。关于这一原则最好的也是最经受时间考验的例证之一要追溯到二十世纪的早期。

从十四世纪起，用个性化交通工具旅行的想法一直存在于发明家的头脑中，但是直到二十世纪早期，一款可行的产品才被开发出来。将这一概念从发明转变为创新的人叫做亨利·福特，且他在商业上所取得的成功并非由于他的汽车最具创新性。而是源自他如何制造汽车这一创新本身。

从一开始，福特就梦想着制造一款便于大众行动的汽车，让人们能够自由地在他们想要的时间去他们想去的地方旅行。这是一个值得钦佩的愿景，其他人也有这一想法，但是它有一个极大的障碍——普通人难以负担独自旅行的高昂费用。汽车是富裕阶层的玩具，而且人人都说，这种状态会保持相当长的时间。这种只有上流社会才能支配汽车的言论并没有阻挡福特。作为一位真正的创新者，他决定，如果普通人无法负担他现在能够制造的汽车，那么他就必须造出一辆更便宜的汽车。

通过开发流水线，支付工人更高的工资以保持他们快乐和具有生产力，福特将一辆 Model T 型小汽车的价格从 1000 美元降到了 400 美元。福特实现了他的梦想，而美国则开始了超越预期的加速发展。

仅在 1920 年，福特汽车公司就大规模生产了一百万辆 Model T 型小汽车。每一辆汽车都如福特所预想，价格合理、感觉舒适并且经久耐用。随后几年里，工人们继续制造了数百万辆这种款式保守的汽车，人们继续购买它们。

福特实现了自己的目标，他创造了一套独一无二的制造流程和组织架构，带给客户之前从未设想过的价值，并把这两者变成了一项商业成功（使一项产品值得交换），在这一过程中赚取了上百万美元。今天，福特是美国唯一一家拒绝政府救助资金的汽车公司，并且尽管处于可以说是过去几十年来最困难的金融时期之一，福特依旧在 2010 年上半年创造了 47 亿美元的利润。[3] 公司通过追溯其创新根源，在所有人都杂乱无章、不知所措之时，取得了这样的成就。

"在过去几年的黑暗日子里，我们增加了对产品研发的资金投入，"比尔·福特解释说。"我们把创新视为当务之急，保护它以使公司生机勃勃，同时加速产品研发以引领这个行业。"结果，公司推出了新的设计，使混合动力汽车的发展向前推进了一大步。生产消费者负担得起的产品、将在道路上自由行驶的感觉传递给大众，是福特"值得交换"准则的核心。了解客户为什么愿意将他们辛苦赚来的钱花费在尝试某项创新产品上，不仅仅对于营销和销售来说是无价之宝——有时候，它打开了你从来不知道存在的门。

创新及其四个层面

具有重要意义的是，福特在一百多年前所做的不仅仅是批量生产汽车。亨利·福特所引领的大规模制造创新，毫不夸张地说，改变了这个世界，并创造出大量的机会。一旦思考范式发生改变，或者出现变革性创新（例如负担得起的汽车产品广泛普及），创新就会得到充分发展，并向外拓展，创造出全新的行业、市场和商业模式。

举例来说，一旦人们不再局限于短距离旅行，他们会以一种崭新的方式来看待这个世界。他们为了工作、娱乐和商务活动而旅行，这是以前从未有过的。这种流动性会创造出对道路、加油站、汽车维修、保险、路边住宿等方方面面的需求，形成很多完整的行业。它们中的每一个都会随着二次创新而有新的发展，开拓像路牌广告这样的市场机遇和像汽车经销和供应链管理这样的运营机会。所有这些之所以有可能发生，是因为变革性创新已经确确实实地发生——能够负担得起的汽车成为现实。

表 1-1　创新模型

变革性创新	
界定特征	商业属性
被好奇心和发现所驱使 如我们所知道的那样改变了社会和人们的生活 给我们的文化和社会提供了益处 在广度上是破坏性和革命性的；在深度上是可持续的 通向后续的品类、市场和运营层面创新 变成某种我们所依靠的东西 关注右脑思考和创造力	很难界定全部的市场潜力 没有确定的损益或时间轴 风险回报率成倍地高于其他类型的创新 没有明确的采用率 在大企业环境中无法持续，除非有标准的成功指标保护 提供巨大的财富而不是维持现状

市场创新	
界定特征	商业属性
由竞争性市场需求所驱动 通常由新的产品特性或效用所界定 创造出使客户或消费者满意的新方式 保证了品类创新的鲜活和时新 是机遇性和预期性的创新，或者创造了市场变化 关注左脑的创造力	通常能够实现收益增长 往往成为最有利可图的 对市场来说是迅速的 不一定是核心产品或服务——也可以是参与或退出的主张 对所有人——公司和客户来说都是振奋人心的 实现跨职能参与最大化 能够影响短期商业活动，同时具有长期潜能

（接上表）

品类创新	
界定特征	商业属性
由理解或预期的消费者或客户需求和洞察力所驱使 源自变革性创新 包含突破性应用，而不是发明 由有效的商业案例所指导 促进后续的市场创新和运营创新 关注左脑和右脑的创造力	拥有盈利潜力 拥有可预期的收益和时间轴 与华尔街的期望相吻合 常被市场而不是技术所引导 营销与研发相互作用才能取得最大成功 相对于变革性创新所产生的风险而言，此类风险更容易管理

运营创新	
界定特征	商业属性
由提高商业效率、效果和盈利能力的内部洞察力所驱动 创造或改变组织结构和流程 提高效率，使每个人获益 改善工作生活 提高生产力 提高财务绩效 通过更合理的流程改善客户体验 关注左脑的思考	关注如何改善公司的运营 更加注重细节和指标 由生产力所驱使 促进成本节约，从而使公司或客户受益 改进企业的商业案例 以可持续发展为导向 拥有可预期的高额财务回报 此类创新的风险是最低的，每个公司都应保持应用

当你从这个角度思考的时候，创新变成了一个非常与众不同的动物。这不再仅仅是一次围捕大猎物的行动，能够改变世界的突破性进展才是唯一的奖赏。如果你知道挖掘的地点，那么埋藏的财富无处不在。为了帮助你识别和探寻创新机遇更广大的领域，我们构建了一个模型，罗列出四种不同类型创新的界定特征和商业属性：变革性创新、品类创新、市场创新和运营创新。它们中的每一个层面都是可行和有价值的。然而，它们彼此显著不同，它们的应用模式适用于不同的时间要求和市场条件。决定哪种类型的创新能够在它的生命周期里为你的公司创造出最大的价值才是至关重要的。

变革性创新

这是创新的鼻祖。它宏大而且强大，后面的几代人可以在此基础上持续创新。事实上，这是变革性创新的标志之一——它是足以改变社会的颠覆性突破。变革性创新影响着我们的生活方式，随着时间的流逝，我们发现如果没有变革性创新，我们将无法繁荣发展。

我们曾经谈论过的一些事物有资格视为变革性创新，例如灯泡和大批量生产的汽车。纵观历史，我们知道这些事件是如何变革社会的，而且可能没有一个在任的首席执行官会在突破性变革最终来临时放弃对全局的掌控。但事实是，要花上几辈人的时间去培养后继的、能够达到变革性创新的首席执行官。我们中的大多数将永远不会靠近并成为变革性创新的一部分，但是我们依然需要识别它，以使我们能够利用好已经出现的可能性。

毋庸置疑，互联网已经彻底地改变了我们在这个世界上的活动方式。这是变革性创新的终极典范。由于互联网，我们现在思考生活的方式已经与过去截然不同。互联网改变了我们购物、听音乐、获取信息、支付账单、结识新朋友、通信、旅行、防止迷路、管理投资、玩游戏甚至读书的方式。互联网已经毫不夸张地孕育出数以千计的二次创新，远远超出了五十多年前人们首次构想它时所有人的想象。

互联网起源于美国国防部一个称作高级研究计划署（Advanced Research Projects Agency，ARPA）的项目，它的设想开始于二十世纪五十年代后期。这个项目被描述成一个"面向未来的高风险、高收益投资"，它为后来为人所知的阿帕网（ARPANET）奠定了基础。在阿帕网建立的时候，世界上只有不到一万台计算机，并且价格昂贵。但是政府对于计算机能否使用一种通用语言和通用协议进行通信很感兴趣。他们以大学为实验对象，并最终取得了成功。他们花了11年时间才将第一个"节点"安装在加利福尼亚大学洛杉矶分校，此后又花了8年时间，将这一网络发展成为我们今天所熟知的互联网，但仅仅是初具规模。据报道，到二十一世纪头十年，已有超过12亿人在使用网络。

对于那些意识到变革浪潮即将到来的人们，这是足以创建新帝国的巨大机遇，那些妙不可言的名字开始出现——例如易趣、亚马逊、谷歌和雅虎——它们都获得了妙不可言的收益。这些早期的应用者打赌互联网将吸引全世界，而他们也得到了丰厚的回报。对于那些没有意识到互联网潜在影响力的人们，则犹如传统企业想要在日渐被计算机所主导的行星上找寻过去的足迹一样，是巨大的痛苦。今天，互联网能够做什么已经不再是个问题，你将如何继续使用它才是问题所在，不管是互联网所提供的机遇，还是它所创造的挑战。

品类创新

变革性创新是革命性的，而你可能会说品类创新是演变性的——或者如同意大利香水店连锁 Limoni 的董事会主席马可·杰西（Marco Jesi）所说，"它是某些新的、不同于过去的事物"。起源于产业层面、建立在已得到证明的变革性创新之上，品类的突破通常出现在想法、产品或者服务的新应用方面，而不是发明创造。这一层面的创新主要由市场所驱动，并以满足消费者的需求为目标，常常出现在客户了解其需求之前。

也许能够紧紧抓住客户感知、感觉、或是未曾想到的需求的最杰出公司之一就是苹果公司（Apple）。它被认为是我们这个时代最具创新力的公司之一，它将出现在这本书中的很多故事里——不在于它做了什么，而在于它为什么这样做以及如何去做。像历史上许多最具创新力的公司一样，苹果公司充满热情地开始——这里说的是技术方面。

苹果公司的创始人之一史蒂夫·乔布斯，因为想让父母高兴而去念大学，但是正如他在斯坦福大学的一次毕业典礼演说中提到的那样，[4]"六个月之后，我看不到上大学的任何价值……我不知道我的人生想要做什么，也不知道大学能够如何帮助我找出人生的意义……因此我决定退学，并相信能够找到出路。从退学的那一刻开始，我停止去上那些我不感兴趣的必修课程，而开始旁听那些看起来更有趣的课程。很多循着好奇心和直觉而无意中获得的知识后来被证明是我人生中的无价之宝。"

他继续回忆到，他的学校（里德学院）可能是那个时候美国提供最佳英文书法指导的地方。遍及校园的每一个橱窗里的每一张海报和每一个标牌都是漂亮的手书。这些使他着迷，所以他决定修一门书法课。他学习了有衬线字体和无衬线字体，学习了在不同字母组合之间调整空间量，学习了怎样使排印样式变得更好。他从来没有想过这些会在他的人生中有任何实际应用，但十年之后，这些知识真的发挥了效力——以更有用的方式。"当我们设计第一台麦金塔电脑的时候，它们全都回到我的身边，我们把这些都设计到 Mac 里，"他说道。"这是第一台带有漂亮排印样式的电脑。如果我没有退学，也没有旁听那些书法课程，那个人电脑里可能不会有这些人们正在使用的美妙排印样式。"

苹果所开发的这些字型后来被微软模仿，并很明显地出现在同时代的另一家创新公司——Adobe 的初期产品中。这是苹果公司和 Adobe 公司就打印机语言所达成的许可协议，从而开启了桌面印刷的新时代。

在过去的几年中，苹果公司热衷于设计全行业中杀手级的技术应用，产品包括 iMac 电脑、iPod 播放器、iPhone 手机和 iPad 平板电脑。所有这些产品已经串联成新的品类。iPod，发展于 mp3 播放器的技术，将音乐工业迅速带入了一个全新的时代。像 iTunes 和其他必须具备的配件等二次创新已经为苹果公司带来了数十亿美元的收益。而 iPhone 手机不仅为公司创造了数十亿的利润，更创造了一代独立的、开发 app 应用的百万富翁。

苹果公司能够如此成功的原因在于它了解如何从外而内地创新。它首先关注客户的需求——常常在他们了解自己的需求之前——并利用变革性创新和其他品类创新，像互联网和 mp3 技术，以助力自己的想法。苹果公司一次又一次地重新定义品类，理所当然地赢得了它的传奇地位。

市场创新

随着品类创新开创新的产业，我们的下一类创新则是建立或拓展新的市场。市场创新依赖于产品特性、效用和销售，在于设计出吸引人的新方式来接近客户并满足他们的需求。通过对产品、服务和配送方式进行独特的改变，市场创新的目的是要对人们的生活产生积极的影响。从易拉罐到魔术橡皮擦，每件事都有资格称为市场创新，但是我们最喜欢的案例则来自过去，不论是那个时代的天才人物还是从中学到的教训，都能够指导我们拓宽自己的视野，并关注客户的欲求、需求甚至奇思妙想。

我们之前谈论过亨利·福特的洞察力和他如何通过改变汽车的生产方式和公司职员的配备方式而找到一种方法，使汽车成为人们负担得起的东西。他的创新使整个世界流动了起来，但不幸的是，他的眼界有一个轻微的瑕疵。为了保持低成本，他决定每辆车是同一种颜色，因此在流动性日益增强的社会中，在新的高速公路上，每一辆福特汽车看起来完全一样——黑色而保守。福特没有意识到这个问题。毕竟，在他看来，汽车能够负担得起才是最重要的。

他没有预料到的是这样一个事实，在他的客户中，同一性和敏感性开始逐渐消失。随着车轮提供给消费者更多的独立性，以及福特和健康发展的交通运输经济体所创造出的更多工作机会，人们口袋里有了更多的钱，对色彩需求的风气日渐成熟。阿尔弗雷德·P·斯隆（Alfred P. Sloan）的时代来临了。

几年来，通用汽车公司一直尝试打破福特对汽车工业的垄断，但结果无济于事。通用汽车已经通过提供各式各样的铭牌和技术改良后的新车型，尝试不同的市场创新。但由于福特的保守型汽车长期盘踞在市场上，以至于"便宜和可感觉的"变成了评判所有汽车的标准。基于汽车不会迅速用坏这一事实，通用汽车知道这将是一场艰苦的战斗。从一个违背当时营销思维的方向，通用汽车决定越过福特保守价值观所主导的老一辈市场，关注时髦的、爱好玩乐的、年轻的司机——而福特尚未意识到这些，给了通用汽车一个完美的开端。

在某种程度上这一点被广泛地认可，亨利·福特曾自言自语地说，"人们能够拥有他们想要的任何颜色，只要那是黑色的。"盯住这一点，通用汽车请求它的同盟杜邦公司（DuPont），创造出一系列彩色涂料，这样能够吸引年轻的消费者。制造商将这些性感的色调命名为杜科（Duco），这差点终结了福特的命运。1927年，雪佛兰登场，拥有令人称奇的绚丽外观和大气的车身造型。不再是毫无生气的黑色，不再像他们的父辈一样。通用汽车邀请年轻驾驶者突破普通的颜色，取而代之以翡翠绿和柠檬黄。越来越多的人第一次选择了通用汽车的产品而不是福特。而且，他们支付了更高的价格。这对于福特本人来说无疑是一个巨大的打击，他真诚地认为，品质、可靠性和低价这些基本准则能够永远地留住客户。他未曾想到，任何事物都不是一成不变的。人类在发展，他们的价值观念也在随之变化。失去了市场敏感度，你就无法维持增长。这既是二十世纪的汽车制造商应该关注的客观事实，也是今天我们需要去了解的，这点毋庸置疑。

市场创新是并且应当成为一个持续不断的过程。事实上，它时刻在我们身边。如果你敞开心胸，你将发现它就存在于诸如植物提取、可降解包装袋这样的环保包装中，这种包装由菲多利食品公司（Frito-Lay）开发、用于包装它们的阳光薯片，或是存在于像家得宝（Home Depot）家居连锁店的追踪软件这样的程序中，它能帮助那些丢失收据的客户查询他们购买的物品。它也明显地存在于苹果iPhone手机爆炸式数量的app应用程序中。而且，它也很明显地存在于福特公司为2010年推出的新款嘉年华（Fiesta）所创建的社交网络营销方案中。

在嘉年华开始销售之前，福特公司邀请一百位二十多岁的年轻人进行为期六个月的试驾，并写出他们的体验。在这款车送到经销商时，已经有超过一万人下了订单。就像是怀旧情绪大爆发，最流行的颜色是酸橙色。[5]最优秀的创新者不仅着眼于未来，他们还会从过去汲取营养，总结经验教训以更好地保持他们的产品、服务和公司的生命力。如果你不持续创新，也许某一天你就会发现，你曾认为最安全的产品已经过时了。

运营创新

过时是每家公司都害怕出现的问题，特别是对于这种创新的最终形式而言。运营创新更多是关注如何做生意，而不是生意是什么。在流程、业务运作和生意关系上保持效率、与时俱进和创新性，与拥有一个杀手级产品或服务一样重要。任何一家公司及其全部员工无论何时都要进行运营创新。

不管运营创新是在于提高效率以节约时间、改善质量、提高生产力、改善工作环境，或是升级技术以赢得竞争，经营一家向前发展、不断进化的公司是保持成功的关键所在。但是像其他类型的创新一样，运营创新更多的是被节约资金或是赚钱所束缚；它也必须使客户获益。因此，虽然这种类型的创新有一个首要的内部焦点，但它绝不能丢弃对消费者和客户这一外部世界的关注——其重要性就在于在开始竞争之前找到可行的方法。

在二十世纪八十年代中期，家用电脑市场的巨头们注意到了一名得克萨斯大学的退学者，但随后又忽视了。他们说，他的个人电脑公司绝不会成为一个威胁，而且，他"像鹰一样行猎"个人电脑市场的方式"不会成为真正的科技公司"。[6]在当时，电脑只在商店出售，客户也只能局限于制造商所决定的产品特性。尽管并不完全是一种型号的电脑对接所有需求，但也差不多。

这名退学者是迈克尔·戴尔，他卓越的运营创新使计算机市场发生了翻天覆地的变化。通过控制物流和供应链，他以计算机世界中前所未有的方式整合了电脑组件、制造流程和材料。这项计划是按照客户的具体要求定制计算机，并取消中间商环节，直接把产品送到客户手中。这种方式运作得比任何人想象的更方便、更快捷。没有人能够和戴尔的价格竞争，因此他毫不夸张地成为了竞争条款的定义者。在流程上，它改变了整个行业。在短短的时间内，戴尔令惠普这样的公司威风扫地，把 IBM 挤出了个人电脑市场。[7]

戴尔所做的最重要的事情就是采用运营手段去解决消费者的问题——在这里，问题是指计算机高昂的花费。他的创新不仅仅是为他的公司节约了资金；他们使得个人电脑更接近大众。这里有一个值得重复强调的重要区别：单纯地采用运营变化以削减成本，而不考虑这些变化将如何影响客户或是使公司进步，这种做法不是创新。事实上，它们往往会产生致命的后果。

2007年，环城百货（Circuit City）解雇了旗下3400名经验丰富的销售人员，取而代之的是一批一般的、没有经过培训的、赚取最低工资的工人。公司宣布由此进入新纪元。这家零售商原本已经在帮助消费者解决选购电子产品的复杂问题方面建立了良好的声誉，但是在节约员工成本的计划执行后，公司的服务质量急剧下滑，以至于不到两年的时间就停业！[8]

尽管环城百货想把所发生的一切都认为是经济衰退的结果，但事实是在其实体经营的最后几年，它犯了很多错误，这至少是一个失败的创新。我们都知道，活在过去的辉煌中只会使公司变得停滞不前。迈克尔·戴尔实事求是地承认，他在过去的十年中没有对产品的研究与开发给予足够的重视，因此当惠普和其他公司开始用时尚的新机型重新吸引客户进入商店的时候，他的公司错过了机会。这种当一切进展顺利时满足于既得成就，或是削减研发预算、首要关注缩减运营成本的诱惑，已经使许多公司陷于财务上的水深火热。避免陷入这一死亡漩涡的方法就是从过去吸取经验教训，关注未来，并实实在在地跟着潮流走。

创新的传递

贯穿这一章，我们分享了很多关于公司、产品和服务的故事，举例说明了创新的不同组成部分，从如何开展创新到创新的要素以及四个创新层面的概念。创新模型的下一块称作创新的传递，它不仅定义了创新如何存在于这四个层面中，而且像瀑布一样从一个层面向下一个层面流动。

为了进一步解释，让我们回到电的故事。电力一旦被人类掌控，它就能够使创新从变革性突破转移到品类创新，例如灯泡制造、电力公司、树立电线杆，等等。这些行业满足了市场需求，进而导致支持各品类或是帮助公司吸引客户的市场创新的出现，例如包装、专业电工工具、圣诞节商店的动画橱窗、甚至多彩的霓虹灯广告牌等突破性进展。我们可以说个不停，你看到了，在某一层面上建立的创新会流动到下一个。

偶尔，向下传递的创新确实也会向上传递。当苹果公司创造 iPhone 的时候，它是以一个市场创新为开端，增加了由手机创造的市场，并迅速将其推向变革性创新的地位。iPhone 手机巨大的成功改变了人们交流、与音乐和互联网互动的方式，帮助打破文化壁垒，并且为各种规模的开发者创造了无穷无尽的机会，他们说，"这有一个可以用的应用程序！"它甚至撼动了微软这样的巨头，迫使它放弃在 Windows 系列产品上的传统定位，转而从头开始在智能手机上进行尝试和创新。

另一个采取向上传递路径的公司是沃尔玛。当这家公司创新它的供应链，将客户和供应商联接在一起时，它能够兑现它的诺言，向客户提供独一无二的价值。随着它横向和纵向全方位拓展，从服装、家用电器到食品、园艺用品和药品，其他商店无法与之竞争。沃尔玛完成的创新将它推向了世界上最强大零售商的宝座，它的运营创新最终演变成为了品类突破。意识到创新传递的属性——把创新看作是流动的——为探索和获取创新灵感开辟了巨大的可能性。

真正属于变革性创新的新发明是极少的，这需要花费数十年时间去发现和利用其商业价值。但是如果你运用创新模型在四个层面上锻造公司真正的能力，结果将是更强大和更具财务吸引力的。今天看起来只是一个小想法，如果你给它时间和资源去成熟，可能拥有无法想象的可能性。

在通用电气公司位于纽约尼什卡纳的全球研发中心，研究人员十余年来一直在研究制造一款混合动力机车的技术。在考虑了所有能够推动这样一台机车的可行技术之后，他们最终决定，需要创造自己的动力源以克服距离和载荷的挑战。这促成了钠电池的创新，从一个设想出发——制造一款混合动力机车——带来了更多的东西。通用电气全球研发中心的高级技术副总裁麦克·埃德威克（Mike Idelchik）这样解释道：

> 当我们关注的焦点从机车转向电池的时候，我们意识到数量太小了。我们无法仅仅为生产铁路使用的电池而去建造一座经济可行的工厂。所以我们开始四处张望并说，"好，还有哪里可以利用这项商业技术？"我们发现这些平稳供电的应用与某些领域相关，例如不间断电源和电信行业，远比火车提供了更好的机会。然后，电池本身变成了生意。现在，驱动这个项目开始的机车研究将结束，它仅占我们所收获的电池商业利益的 5%～10%。其余的利润来自平稳供电的应用和运输卡车。

这种从某点开始的思维过程——在这个案例中，是为了满足铁路行业的一项需求——使创新释放或是流动到其他未曾想到的方面，不仅限于通用电气公司、苹果公司或是沃尔玛公司。它是一个思考框架，可以应用于任何行业或是任何规模的公司。当你用这种方式开启你的思维的时候，它就不再是"我能创新吗？"，而是"我该从哪里开始？"的问题。

我们的建议是使用我们在本章中所概述的模型去帮助塑造各种类型的创新，在这些创新中，你应当关注自己的企业，然后聆听那些最重要的人的需求——你的客户和消费者。他们将启发你，使你保持正轨，并最终决定你的主意是否独特、有价值和值得交换。

第 2 章

寻找灵感

让这里光芒闪耀

重要的不是看什么，
而是看到了什么
——亨利·大卫·梭罗

在客户服务领域有这样一个古老的笑话，"如果不是为了客户，那么这会是一份伟大的工作。"客户有时会很恼人，这是事实，但正如那些杰出的创新者告诉你的那样，客户以及他们提供的洞察力是创新最关键的驱动力。如果不将客户的价值标准作为你所有经营活动的基础，那么你将浪费大量金钱创造那些没人购买，或者至少是没人愿意再次购买的商品。另一方面，如果你在所有四个层面的创新灵感，都来源于对你所服务的客户的深刻理解，那么你可能会创造崭新的历史。当维萨（VISA）按照预想的将借记卡变成其银行客户的利润中心时，它不仅在金融交易市场上占据了巨大份额，而且还深刻地影响了我们的购物方式。

在上一章中，我们探讨了持续创新的重要性；这一章，我们将看看那些创新灵感的火花在哪里。通过构建一个框架，我们探讨五种获得丰富洞察力的方法，以及如何运用每一种方法揭示只有创新才能够满足的客户欲求、需求和渴望。除了描述每种方法以外，我们还将告诉你如何在现实世界中应用这些方法，促进公司增长、扩大公司视野。

揭示这些洞察力只是开始。一旦你发现了一个真理的金块，你必须知道如何使用它。它适合于创新模型的哪些领域？你能找到一个足以影响下个季度的市场突破，或者一个足以使你的公司发生变革的经营理念吗？知道去哪里寻找洞察力、评估如何运用你学到的东西，以及了解如何将其融合于你的整体经营战略，是为你的公司带来持续创新的下一步。但是在此之前，你必须先搞清楚什么是洞察力。

灵感时刻

正如我们常常认为只有足以改变世界的想法才能够带来创新，我们也倾向于相信洞察力来源于灵感的瞬间迸发。虽然通常情况下，洞察力可能是某一时刻的灵感迸发，从而产生一个新想法或者看待某种事物的新方式。想象一下万花筒——一种带有鲜亮色彩的管状玩具，当你转动它时，光线在筒里的每一次反射都会呈现出全新的漂亮图案。洞察力也是如此。当你敞开心扉，用不同的方式去观察、聆听和感知你周围的世界，你将发现所有事物都在改变。无论你所获得的洞察力表面上看起来只是微小的市场创新或是运营创新，抑或是最终成为变革性的或是改变品类的巨大成功，发现总是在等待着你，有时在你最意想不到的地方。

一叶障目

虽然我们需要洞察力来激发一种独特的思考和做事情的方式，但是揭示其中的精髓却并不是那么容易。有一些人——例如托马斯·爱迪生、亨利·福特、史蒂夫·乔布斯、或是亚马逊网站的杰夫·贝佐斯（Jeff Bezos）——他们似乎都拥有敏锐的直觉来指引他们实现自己的设想。这就像他们能够看到一个灯泡或一家虚拟书店，并且通过创新流程使它们变成现实一样。但是，我们中的大多数人还是需要一点帮助。幸运的是，如果你愿意去找寻它们，洞察力就在我们的身边。为了使这一过程更容易一些，我们确定了五种方法来获得洞察力，从对你的客户的了解中赢得财富。最重要的机会就在迸发灵感的时刻。

好奇心

会怎样呢？从早期人类拾起一块燧石，想知道它是否可以变成一个有用工具的时候开始，这个问题就已经是创新洞察力的中心。当一个苹果掉到艾萨克·牛顿爵士的头上后，是这种疑问促使他研究重力，这也是为什么莱特兄弟要制造能够让人类飞翔的机器。这也是为什么我们着迷于金宝汤公司（Campbell Soup Company）的汤超过了一个世纪。

从人类第一次将吃剩的食物放进锅里煮成汤，到现在汤品遍布全球，并且随着时间的推移，汤品已经从现制的食物变成了世界各地家庭聚会中必不可少的美食。一位年轻的化学家在好奇心和热情的驱使下所做出的这种传统食物，至今仍然影响着今天的无数家庭。

约翰·多兰斯（John Dorrance）痴迷于自然科学的分支之一物质科学，主要研究化学物质的组成以及它们的性质和反应。相继从美国麻省理工学院获得化学学位和从德国哥廷根大学获得博士学位后，多兰斯返回家乡从事研究工作。作为受认可的学者，他享有声望，教职收入也很丰厚，但是他却一心想要到叔叔亚瑟的坎贝尔罐头公司（Campbell Preserve Company）去工作。

从一些人来说，这看起来是一个非常奇怪的决定，但是很多人不知道，在出国学习这段时间，年轻的约翰迷上了欧洲鲜美的汤和酱汁。他的工作给了他一个绝佳的机会，将他对物质研究的痴迷与对汤品的热情完美地结合在一起。在多次尝试劝服叔叔雇用他之后，叔叔终于同意了，但是也提出了两个条件：第一，约翰每周只有7.5美元的薪水；第二，他只能使用自己实验室里的设备。[1]

约翰刚进入公司的时候，公司的主要产品是罐藏食品、番茄酱、芥菜酱、调味汁和一款番茄牛排汤。在十九世纪九十年代末期，汤品在餐桌上很流行，但仅限于欧洲和美国的富裕阶层。虽然汤品的生产成本很低，但是由于它们很重，船舶运输的成本非常高。这使它们对于中产阶级或下层人士而言变成了奢望。

于是多兰斯开始思考这个难题，他问了自己一个简单的问题：如果他能使汤品的重量减轻会怎么样？这样会使它们更普及和更便宜吗？带着这个想法,他开始了实验。适时地,他意识到如果能够去除汤中最重的成分——水,他就能够解决重量问题。但是这会产生新的问题——味道。一旦水被再次添加回去,汤的味道就被冲淡了,这违反了食品工业最基本的准则。食物必须是美味可口的,否则就会没人购买! 花了三年的时间,他最终解决了这一谜题。通过味道浓郁的汤汁、高浓度的酱料,他使得浓缩汤在加入水之后成为一道温暖可口的汤品,而且价格由原来的每罐 0.3 美元降低到 0.1 美元。通过使用更加轻便的包装,产品也易于运输、出售和储藏,准备食物的过程也变得更加便捷。约翰的薪水增加到每周 9 美元,这个故事也变得众人皆知。[2]

这则关于汤的故事最吸引人的地方是,它以一位科学家的好奇心和创造出使大多数人受益的事物的创新潜能为开端。这一模式是,好奇心和可能性将纯粹的科学探索带上了通往创新的道路——而这一切都是以"如果……将会怎样?"为起始的。

正是这种组合使金宝汤公司的汤成为那个时代的超级明星,而在一百多年之后,这一模式又使得另一位创新创业家走上了类似的道路。他的成功在于创造了一种全新的使食品、疫苗、药品甚至一壶水保持低温的方法,而不需要电或是任何形式的燃料。

他的名字叫做亚当·格罗瑟(Adam Grosser),他和一群自称怪才的人在斯坦福大学制造出一台只需 50 美元的冰箱,这台冰箱足以改变世界。[3]他们的灵感来自亚当在一次科技、娱乐与设计(TED)大会上所听到的一段对话,大会是由一家致力于分享"值得传播的创意"的非营利机构所组织的。这一年度盛会聚集了来自全世界的非凡思想家和实干家,他们每人有 18 分钟的时间来发表他们关于生活的演说。

2005 年,有一位演说者提出应该研发一种不需要在冷藏环境下就能够存活的疫苗。世界上有超过 15 亿人缺乏电力和冷藏设备,这就意味着他们也缺乏获取重要疫苗的途径。非营利组织花费了大量资金用以研制这种不需要冷藏环境的疫苗,但是作为高科技风险投资者的格罗瑟却有着不同的观点:不改变药物——而是改变冰箱。

通过与斯坦福大学的一个热力学团队合作,他制造出一个保温瓶大小的装置,其中包含一种通过热能触发的制冷剂。当制冷剂冷却时,它会变成一个强力制冷包，能够使任何容器——从一个罐子甚至到地表的一个洞——变成一个可以使用24小时的迷你冰箱。这个新"冰箱"能够再次"充电"——即使只是放在火旁——只需一小时左右，并且它体积小巧便于携带。粗略计算价格约为50美元一片（如果小规模生产的话），或者25美元一片（如果批量生产的话）。格罗瑟的设备能够将需要高维护费用的药品带给生活在发展中国家的人们，或者只是在炎热的夏天提供令人愉快的冰镇饮料。以前的灌装汤和今天的便携式制冷设备都是令人称奇的突破性进展，由奇思妙想和不仅不同、而且更好的信念所点亮。这些成功是充满好奇心的洞察力和探索真正的创新的双赢结果。

当你思考你的企业、产品和客户的时候，你是否只在意眼前？或者，你是否闭上眼睛，想想"如果……会怎样？"创新在于看到挑战之外的东西、想象解决方案，并对我们周围的世界保持开放，你看到什么——或者听到什么——都是超出意料的。

开放面对新信息和想法

生活在一个信息不断涌入的时代，我们很容易被大量的信息所淹没。突发新闻、科学研究、商业理论和客户意见等几乎一切信息都在势不可挡地向我们涌来。鉴于我们生活的空间信息如洪水般泛滥，相比于探索这些新想法和新信息所代表的可能性，我们更容易关上接收信息的大门，特别是对于那些你宁愿没听说的信息。

几年前的一天，彼得·达比（Peter Darbee）太太在健身房踩着踏步机。在这个特别的日子里，她特意穿上了一件印有太平洋燃气和电力公司（Pacific Gas & Electric，PG&E）标志的衬衫——从她身旁经过的一位女士注意到了。"你是在这家公司工作吗？"她问。

"不，这是我丈夫送给我的，"达比太太回答道。"我从来不信任为那家公司工作的任何人！他们利用别人，不择手段，"那位女士不屑地说。

达比太太无言以对，只有听那位女士抱怨她与这家公司打交道的糟糕经历。当天晚上，达比太太把她白天与那位女士的对话告诉了她的丈夫，她的丈夫是这家公司新晋的首席执行官。

"我妻子感到非常尴尬，我也很震惊，"他回忆道。"这和我们公司员工的观点完全不同，那天晚上我就发誓，无论真假，我们要改变自身在客户眼中的形象。"他决定首先找出客户对太平洋燃气和电力公司的看法以及他们正在接受怎样的服务。退后一步，他透过客户的眼睛来发现问题并且看到了一些他不喜欢的东西。"我不想再让任何一位衣服上印有我们公司标志的人感到尴尬。我告诉公司所有两万名员工，这是他们的工作——也是我的工作——确保我们的品牌让我们自豪。"

从那天开始，达比和他的团队将太平洋燃气和电力公司的公众形象从一个冷漠的商业巨头逐渐转变成为获得JD Powers客户满意度奖（JD Powers Customer Satisfaction Award）的赢家。他们通过解决基础功能问题和专注于客户体验实现了这一目标。通过将公司的关注点由主要是利润驱动转变为以客户和大众利益为中心，太平洋燃气和电力公司现在已经成为加利福尼亚州最受尊敬的公司之一，同时也是最重要的清洁和可再生能源龙头企业。实际上，该公司最主要的公众事业之一就是探究波浪发电的商业可行性，这是一种能够生成一太瓦时（1太瓦时=10亿千瓦时）到十太瓦时电力的具有发展潜能的能源资源。如果实现的话，仅仅一太瓦时就能够为十亿家庭提供能源。波浪发电的成功商业化所带来的改变能够与互联网和可负担得起的汽车所产生的影响相提并论。虽然这可能是需要几代人共同努力才能攻克的课题，但是至少有太平洋燃气和电力公司和其他像它那样的公司正走在这条将可能性变为现实的路上。

鉴于达比太太在健身房里的经历带给这家公司的变革，我们想问这样一个问题，改变和专注创新难道只是因为一个机缘巧合吗？"从某种程度上说，它们是的，"达比这样说道。"我非常感谢跑步机上的那位女士，她帮助我打开了视野。我知道她或许并不知情，但是她改变了我们公司前进的道路。"

像这样的洞察力改变了我们的优先次序、我们的目标和我们可能的愿景。像达比一样，你永远不知道一次对话、一项观察或是一则消息将引领你去往何处。可以肯定的是，当你敞开心扉、拥抱外面的世界的时候，能够感受到正在一点点地摆脱过去的平衡，这是成长与壮大的必然过程。对现实和可能性都保持灵活性和警惕性，将使你每天的偶然邂逅转变为有价值的商业机会。

当彼得·达比请求他两万名以上的员工成为公司面向客户的眼睛和耳朵时，他即在市场中占得了强大的优势。让得到授权的员工去观察和倾听客户，无论他们说什么，他们带给公司的洞察力都是创造和改变市场的巨大机会。这是一种向所有人开放的力量。

必要性

当彼得·达比通过一次机缘巧合而收获这些意想不到的洞察力之后，你不得不经常审视自己。在寻找灵感的过程中，最应该问的重要问题之一便是，"什么是我们的客户或消费者真正需要的？"你能如何解决他们的问题，或是使他们的行动更容易一些？你如何使他们感觉更好或是生活得更快乐？满足感觉到的、感知到的或预见到的需求（现实的和情感的）能够为创新提供最大的动力和无穷无尽的可能性。如果你能够向着满足这些需求的方向去创新，那么你已经成功了一半。下面的现代版灰姑娘故事正来自于满足女性的一项最基本需求——需要感到自己是美丽的。[4]

和许多女性一样，莎拉·布莱克利（Sara Blakely）喜欢购买那些在杂志上刊载或是挂在橱窗里的华丽衣服，但是对于她而言，这些衣服放大了每一条内裤边和身体的缺点。她承认绝大多数这样的衣服最终只能挂在衣橱里，一次没穿过，成为满足自己想象"或许有一天我将完美"的道具。

莎拉白天做销售培训师，晚上则做兼职喜剧演员。有一天，她想穿一条米色的内裤，但却发现内裤边显露了出来，她不得不放弃它。她并不很喜欢凉鞋，但是因为搭配连裤袜能获得理想效果，她还是打算穿一双凉鞋。但是脚趾被尼龙袜包裹一点都不好受，因此，她有些沮丧，就顺手抓起一把剪刀，剪了她的长袜。问题解决了。"我从来没有想过显露内裤边和不舒服的凉鞋会激发我成为一个发明家，"她现在这样说。据她所知，当时并没有舒适感和功能性齐备的东西，因此她决定改变这一切。

花费了很多夜晚在佐治亚理工学院图书馆研究商标、专利和针织品制造之后，她打算把她的想法变成专利并制造一个样品。大多数律师认为她的想法太疯狂，以至于后来他们承认感觉整个事情是一个骗局。跟制造商的沟通也没有好到哪去，她一次又一次遭到拒绝，被告知她的概念完全不着边际，也根本卖不出去。但是不久之后，她接到一个工厂老板的电话，说他决定生产这种"疯狂"的产品。莎拉问他为什么会改变主意，他回答道，"我有两个女儿。"结果她们认为莎拉的想法一点都不疯狂。

生产这个她称作 Spanx 的样品足足花费了一年的时间才得以完善。她手中有了产品之后，就给内曼·马库斯百货公司（Neiman Marcus）的采购员打电话，通过电话推销自己。"我说我发明了一种一旦她的客户使用了就离不开的产品，并且如果她能给我十分钟的话，我就飞到达拉斯去，"布莱克利回忆道。"她同意了，我将样品放进从厨房找到的一个带有拉链锁的小包里，再把它放进我的红色幸运背包里，然后登上了飞机。在会面期间，我丝毫没有羞涩。我让她跟随我来到女士化妆间，我亲自向她展示穿上我的乳白色内裤之前和之后的样子。三周后，Spanx 产品摆上了内曼·马库斯的售货架。" 2006 年，Spanx 的命运来了，它带来了塑身内衣的革命。结果就是莎拉缔造的 ASSETS 品牌。

今天，因布莱克利的沮丧而应运而生的公司已经生产出了超过一百种产品。"我从发明和优化帮助女性更舒适更自信地生活的产品中获取动力和灵感，"她说道。"客户的反馈是我们公司最重要的驱动力之一。Spanx 紧身内裤和 High Falutin' 无足裤袜的创造就是来自我们客户的建议，并且未来将会有更多这样的产品。"

莎拉的创新来源于她作为消费者的体验，同样，你也可以通过站在客户的角度思考问题来收获相同的灵感瞬间。倾听他们，问他们问题来了解对他们的幸福来说重要的事情，并看看你提供的东西——不仅仅是你或者你的产品所要完成的任务，还有它将如何影响一个人的幸福——能够帮助你开启创意的世界。换句话说，不要只做表面文章。

在深入客户的生活以获得洞察力方面做得最出色、最知名的公司之一便是宝洁公司。该公司的"住进去"项目就是让宝洁的员工到消费者的家里去，观察人们如何在实际生活中使用产品，然后寻找方法创新。一个少有人知道的项目就在某个人们用手洗衣服的地方开展。观察员看到消费者们使用的为洗衣机设计的洗涤剂，在洗涤盆中溶解的效果不好。这就使得洗衣服的过程中不得不使用肥皂，为了彻底清除肥皂沫就必须将衣服反复漂洗多次。这一过程既浪费水，又增加了大量的家务劳动时间。但是这一地区接受调查的妇女谁也没有提到这个问题，因为她们认为"这件事就应该是这样的"。

在看到消费者如何使用它的产品的第一手资料之后，公司设计出了一款"一次漂洗"的产品，能够对消费者和环境保护均产生积极影响。[5]

从本质上看，宝洁在家庭拜访和"住进去"项目中所做的近似于侦探工作——是每个人都可以做的，即使你不是一间跨国公司。问问你自己，"线索藏在哪里？"是在人们使用你产品的家里或者办公室里吗？是在某个小镇的街巷或是某间杂货店吗？丰田公司组织其员工参观汽车报废场，观察汽车通常遭受哪些类型的损毁。他们发现，最经常出的问题是后视镜断裂。折叠式后视镜由此应运而生。好奇纸尿裤（Huggies）诞生于研究员观察妈妈们训练小孩子如厕时产生的灵感。正是因为惠普的一位产品开发工程师用心观察外科手术操作过程，公司才开发出一种视频监视器，能够在手术期间悬挂在医生眼前类似头盔的装置上。这取代了原有的独立监视器，人们在监视器前走来走去，阻挡了医生的视线。

在寻找基于需求的洞察力时，请牢记，人们往往不知道他们到底需要什么。探索那些未曾表达的需求是什么，完全取决于你自己。人们不会主动要求更易冲洗的洗衣剂、折叠的后视镜，或是革命性的新内衣，但是，尝试使女性摆脱尴尬的Spanx已经走在前面，你最好做好准备，奋起直追。挖掘客户的需求，洞察力就会随之而来。

在现有想法上构建

你是否玩过那些五颜六色的积木，孩子们喜欢而妈妈们却常常在沙发下面发现它们？你从一块积木开始，不断添加积木来构建无穷无尽的创意。创新也可以如此。在现有想法的基础上构建是获取洞察力的又一来源，这些想法可能就在你眼前。也许你已经有一个表现不佳或是彻底失败的产品。也许某项产品已经发展成熟或是失去了其实用性。如果是这样，你可能想要放弃它，然后去寻找另外的机会。但如果你透过创新的镜头去看待它们，伟大的机会或是成功可能就埋藏在旧的事物之中。孩之宝公司（Hasbro）就是这样做的，作为世界上最大的玩具制造商之一，它将一项价值3000万美元的产品转变成了超过5亿美元价值的品牌。

在孩之宝公司现任总裁兼首席执行官布莱恩·戈德纳（Brian Goldner）的领导下，"变形金刚"这一玩具品牌在2000年得以复兴。戈德纳曾是智威汤逊广告公司（JWT）和"超级战队"的制造商美国万代公司（Bandai America）的资深人士，在他加盟之前的十年间，孩之宝公司几乎没有任何创新。公司不是开创创新的道路，而是聚焦于"神奇宝贝"模仿玩具和电影特许玩具的生产。一些如变形金刚和"特种部队"（GI Joe）这样的玩具品牌"降格为仅限于娱乐室或是家庭餐桌上玩的游戏，"戈德纳说道。"这些品牌的历史比我们认知的更具有拓展和开发空间。"这些历史中埋藏着巨大的创新机会。

"变形金刚"在1984年进入孩之宝的玩具大家庭，这些机器人能够变身成车辆和其他科技产品。孩之宝公司创作并将故事融入这些已经有数十年之久的玩具系列中，故事的交战双方是勇敢的汽车人和将战斗从他们的家乡赛伯坦星球引至地球的邪恶的霸天虎。富于神话色彩的情节，使这一系列产品带给人们更多的体验。

为了寻求更大的飞跃，公司开始着力打造这款玩具的基本前提——机器人的变身。在认识到之前的观念过于老旧和狭窄之后，孩之宝公司决定发掘更深层面的客户洞察力。公司学到的东西帮助他们将原有的产品定义"超越视觉"拓展为一个更有意义的道德主题："不能以貌取人。"这一产品视野的拓展成为了热卖电影《变形金刚》系列背后的灵感，重新点燃了人们对于这一品牌的痴迷和热爱。到2008年，变形金刚及其衍生商品的销售额激增了近五倍，从2006年的1亿美元飙升至4.84亿美元。到2009年，销售额已经突破了5亿美元大关。[6]

孩之宝将已经建立起经验的这种战略应用于它其他的品牌，如"特种部队"和Nerf玩具枪。结果，公司的业务结构发生了改变。在2000年，公司顶尖的八大品牌的收益只有3亿美元；但是十年之后，这一数字飙升到20亿美元，且发展势头良好。

"我们必须理解我们不仅仅是产品的管理员，"戈德纳解释道。"我们必须敞开胸怀去拥抱已有的消费者。我们所要做的只不过是点燃他们的想象力，并在自己知识产权的基础上创造更完美的体验。即便是那些五岁的小客户也能够知道从我们这里得到什么。我们要利用这一丰富的灵感之源为创新的不断发展提供动力。" 因为公司只有深入挖掘消费者需求才能收获更新、更有针对性的洞察力，这不仅仅是生产玩具的问题。

融会贯通

对于我们刚才谈论的寻求洞察力的人来说，这种最后的收获洞察力的方法既是一个独立的工具，也是富有成效的最后一步。融会贯通是将各种洞察力结合在一起，创造独特的、有价值的和值得交换的事物。当你突然看到可以如何重新定义很多运作流程以增加利润或是更好地服务客户的时候，融会贯通就发生了。当你期望开发的新市场与你刚刚推出的一项服务意外地交集时，融会贯通就发生了。当你意识到失败只是你所需的创造属于这个时代的新一代产品的平台的时候，它就会发生。当所有的点联接在一起，它们将能够导向非凡的商业成就。有时可能没有那么好——但是好的终究会很快发生。

在互联网进入人们生活之前的二十多年来，计算机科学家们通过一种称之为点对点（peer-to-peer）的技术分享文件资源。实际上，这仅仅意味着把两台计算机通过地址定位联接在一起，使它们能够相互通信，进而实现大量的数据信息传递。这本是非常一般的技术，一位瑞典的企业家尼古拉斯·曾斯特姆（Niklas Zennstrom）和他的丹麦伙伴乔纳斯·弗里斯（Jonas Friis）所做的工作使这一切变得更聪明。他们两个人在联接技术与消费者需求方面都拥有过人的天赋，在2000年，他们推出了一款称作 KaZaA 的互联网文件共享软件，迅速超越了 Napster，成为当时下载免费音乐文件最受欢迎的软件，但他们也因此恶名昭著。他们的成功引来了一浪接一浪的争议，并招来了唱片公司的起诉，最终，不得不将这款软件出售给沙曼网络公司（Sharman Networks）。在出售完成之后，这两位创新者转入了地下研究，在他们卷土重来之时，带来了一个全新而且激进的概念：如果文件共享能够传输地址、文件、文档、音乐、电影或是任何东西，那么它为什么不能将声音转化为数据流而进行传输呢？答案是——没有任何理由不可以这样。

"当我们创立 Skype 的时候，我们的愿景是建立一个足以从根本上改变通信行业的商业模式，通过实现全世界的免费通话，对通信行业产生巨大的冲击，"公司的联合创始人弗里斯说道。"我们想要创造一项伟大的、可持续的通信业务。"[7]

在产品推出后的十四个月里，个人电脑和 Linux 机上的 Skype 软件下载量超过2800万份。到2005年，该服务已经拥有5400万用户，使得Skype软件成为了有史以来增长最快的互联网服务软件。所有点终于完美地联接在一起。Skype如此富有吸引力，实际上，许多追求者纷至沓来——包括最终的赢家易趣（eBay），它花费了26亿美元收购了这家新贵公司。[8]

在易趣收购Skype的时候，分析家们不明白两家公司合并的逻辑，或者说它们如何才能真正地成为一个整体。事实上，Skype的成员们承认，双方在开始时都认为他们几乎没有任何共同点。"但是当我们开始谈论这件事的时候，"曾斯特姆说，"我们有灵感迸发的时刻。我们兴奋地在白板上写来写去，规划我们的想法。"

会议结束时，他们得出的结论是，Skype可以帮助易趣推广到它在世界上还很薄弱的区域，而易趣也能够帮助Skype拓展，消除它在美国相对有限的覆盖范围，通过点击易趣拍卖网页上的Skype按钮而提供近乎真实的购买服务。易趣相信这一市场创新将为买卖双方之间的语音通信开启全新的通道。而且，由于曾斯特姆和弗里斯仍然保留Skype的经营权，持续创新的几率会以指数倍的速度增长。

开始的时候，一切看起来都很完美。在不到四年的时间里，Skype成长到拥有4.8亿注册用户，年收入1.7亿美元。[9]这是目前世界上应用最广泛的国际呼叫系统。但是尽管持续创新带来了视频和语音通话，使人们可以在线上"亲自"交谈，但易趣的直接收益却没有实现。这是一个拍卖网站，惊险刺激的出价是它最具吸引力的地方。人们对与卖家沟通并不感兴趣。卖家中的很多人只是临时的，而并不想成为一个专职店主。

这一不幸福的联姻在2009年结束，双方就核心技术的所有权提起了诉讼，最终易趣以仅仅20亿美元的价格将65%的Skype股份出售给了私人投资者。易趣的解释是："它没有与易趣的核心市场很好地吻合。"[10]或许换成另一种说法是，各点终究没有很好地联接起来。

牢记Skype、易趣初期的合作是饶有趣味的，分析家们也都这样认为。每个人都觉得，它们没有足够的交叉市场来进行一次明显具有战略意义的联姻。但两家公司都说服自己相信相反的观点。他们都忘记了要去倾听客户、分析家、或者内部人员的想法。它们只关注了自己关于可能性的"肯定"想法，却没有去倾听"否定"的想法，以至于一切最终变得不可挽回。

易趣网上的客户，无论是买家还是卖家，以及华尔街的分析师们，都没有真正理解两家公司之间的协同作用。风险超过了积极面，方案也没有让双方满意。我们可以从这个例子中吸取两个教训。第一，不是每一个灵感时刻都能产生伟大的想法。大部分创新都与风险如影随形。第二，常识没有替代品。

实现从是什么（洞察力）到可以成为什么（创新）的飞跃的能力，是一家公司在培育自身企业文化和员工方面最有价值的资产之一，但是你必须知道真正的洞察力与依附于某个想法之间的差异仅在于它是吸引人的、政治正确的，还是属于你自己的。创新被谈论多于真正执行的原因之一是，很多公司不能发现真正的洞察力，然后恰当地评估各种可能性。在接纳各种想法和管理风险之间存在着微妙的平衡关系。当你能够处理好两者，当你能够运用所有你能使用的工具与客户和消费者保持一致，并正确地决定回报和牺牲的时候——即是对创新的恐惧让位给可能性的时候。

第 3 章

预测与管理风险

茶歇时间

> 风险与创新如影随形。
> ——比拉尔·卡法拉尼

一家公司面临的最大挑战之一是，知道何时在一个想法上投入时间、金钱和资源，以及何时减少损失。风险是创新的一部分，而平衡风险与回报的需要——与未知赌博的同时，描绘公司财务和领导力上的成功图景——是首席执行官们每天都必须面对的现实问题。

使压力增加的是，董事、股东和媒体时常基于一些与公司的大蓝图毫无关系的"管中窥豹"来评价一位领导者的能力。这也难怪一小部分领导者会选择回避创新。事实上，曾有一家《财富》100 强企业的 CEO 告诫公司的创新主管，"除非具有百分之百的商业可行性，否则我不会投资于一项新产品研究。"此类期望的荒唐之处在于，它加重了今天的领导者们避免失败的巨大压力。创新从来就不是一件简单的事，也不可能做到万无一失。实际上，就创新最简单的形式来说，它的风险管理成分与创造一样多。

在成长的过程中，简的父亲经常告诉她，"生命就是一系列的权衡。每当你得到一些东西，你肯定也失去了一些东西去交换它。只不过你要确保自己知道为此付出的代价。"虽然这只是一个关于一般生活的好建议，但它在企业的创新中同样适用。即使你像那些小心翼翼的首席执行官那样，把投资的风险降到最低，但你可能是用获得更大收益的机会来交换的。就创新来说，风险越大，收益也会越大。尽管创新没有给你任何担保，你还是得指望它。风险是商业活动不可或缺的一部分，既然风险永远无法消除，那么就想办法把它控制在可接受的范围内。

风险及其四个级别

就像人们有不同的才能和容忍度一样，创新的四个层面有它们各自不同的功能和风险特征。正如你需要了解如何与不同的人合作一样，你也需要了解如何应用不同的创新层面以实现最佳结果。对于风险及其四个级别，这里有一个普遍适用的简单法则：你掌握的已知因素（比如市场规模、技术和成本）越多，对这些因素产生的结果你越能够直接控制，则风险就越小。反之，你知道的越少，风险就越大。

了解你所面临的风险等级不仅可以帮助你进行规划和投资，同时还有助于你设定现实的期望值——尤其是对于某些不可预知的变革性创新来说。

变革性创新的风险

变革性创新充斥着风险。通常由一项发明或是对一些未知领域的好奇心而产生，在开始的时候，其仅仅只是一个你认为有价值的想法而已。你不确定产品是什么样子，你的消费者可能是谁，或是什么时候以及它能否带来收益。但是它却令你难以割舍。这就是变革性创新的现实。

那么为什么，在今天这个人人对风险敬而远之的社会，还会有人想要冒险尝试变革性创新呢？首先，如果没有人去尝试的话，这将意味着我们所知的社会将停滞不前。我们的世界处于不断的发展演变当中，而我们的想法和需求也在不断地发生变化。这也意味着我们的子孙后代也会陷入我们中的很多人所处的窘境——陷入停滞不前或是负增长的境地。我们理解，并不是所有的企业都有能力实现变革性创新，但是我们需要有人愿意去冒险和投资于长期的可能性。如果你是这种准备好迎接挑战的深谋远虑的人，那么这里有一些关于风险的知识是你需要知道的。

首先，传统的企业指标不适合变革性创新的生存。像苹果公司这样的知名企业只是少数例外，排除掉史蒂夫·乔布斯经营公司所秉持的企业家精神和较少的前期控制，大部分传统企业环境对于变革性创新来说几乎意味着必然的失败。这种类型的创新需要企业对短期收益没有迫切的需求，使企业有足够的空间去探索各种可能性。大多数企业没有将这种自由筑入其拨款程序或者管道策略（pipeline strategy），但是就变革性创新的本质而言，真正的变革所具有的高风险倾向需要的是一系列独特的程序，以一种培育的方式孵化和培养可能性。用任何其他方式来做，就好像是从鸟巢中取出一颗鸟蛋，从飞机上扔下来以检测其是不是能飞一样——显然我们中的任何人都不会这么干。

为了使这枚创新的蛋变成飞翔的小鸟，你需要首先保持鸟蛋温暖，一旦小鸟孵化出来以后，确保它不被任何恐怖的动物吃掉——比如金融。等到你的小动物成长到能够自我保护的时候再把它推出巢，看它能不能飞翔。否则的话，就不值得去冒那个险。

所以就像孵化小鸟一样，这里的关键是需要提供一个能够预估风险的孵化器环境。如果没有这种环境，谈论那些遥不可及的收益和长期视野是根本站不住脚的。互联网变得具有商业可行性用了几十年的时间。不仅技术、产品想法和客户观念需要培养，同时还必须考虑市场准备因素。通常来说，真正的变革性产品或服务获得市场认可并被社会广泛接受常常要花费很长的时间。只有当上述条件全部具备时，你才会获得真正的成功。当你心甘情愿承担风险时，换来的便是天翻地覆的变化。

想想谷歌、亚马逊和易趣所取得的财务上的成功。光是这三家公司就相当于超过 2000 亿美元的市场资本——是的，2000 亿美元。而他们的发展壮大全都依赖于互联网的变革性创新。如果没有这种高风险/高回报的创新，很多我们认为理所当然的事物——诸如信用卡、汽车、飞机、电力、青霉素、疫苗，以及即将出现的手机支付——都不可能存在。

西联国际汇款公司（Western Union）是一家在其手机支付项目上投入了巨资的公司。公司的首席执行官克里斯蒂娜·戈尔德（Christina Gold）在其退休前曾简短地发表了一些她对于这项充满潜力的变革性创新的看法。

"手机支付是一项尚未完全定义的业务，但迟早会有人去做，等到那一天，人们的生活会发生巨大的变化，"戈尔德说。"尽管我们还没有完成这项业务，但是我们在非洲已经做了若干试点，那里数百万人的银行和账单支付服务端口有限。西联国际汇款公司的愿景是让人们只需动动手指就能在移动终端上实现商品和服务的购买。有了这项新技术，人们只需知道对方的手机号码，就可以与世界上的任何人实现自由转账。从表面上看，这一过程好像很简单，但实际上却非常复杂。"

成功的移动金融服务通常在单一国家的基础上运营。在这个国家里，三个服务供应商在同一个"移动金融生态系统"上分工合作。这个系统结合了下面三个部分：拥有知名消费者品牌、大量签约用户的移动网络运营商；拥有法律和监管上的权力来存储和持有资金的金融机构；能够管理消费者手持设备、无线网络和金融机构之间的账户交互的移动市场提供商（通常称作电子钱包、或电子银行、市场等）。虽然听上去很简单，但实际上只有想出如何简化该网络并实现其全球化的人才会是真正的大赢家。西联国际汇款公司正在接入这一生态系统，在一全球品牌下提供高效、安全的跨国转账业务。这是一项复杂的事业，它需要大量的认证供应商，然后提供专业技术支持将所有部分联接到一起。

"我一直在问自己，我们真的可以成功么？"戈尔德说。"可能世界上还没有哪家公司拥有我们目前在做的支付领域的专业技术或是遍布全球的足迹。我们也知道在世界上大多数偏远地区转账问题的特殊性。这项投资完全是一场赌博，有时候我们也觉得自己可能不会成功，这里说的是'我们'，但最终，我必须成为提供必要的资金和保护来发展这项业务的那个人。由于风险/回报的时间太长了，我们的地区经理没有一个人会优先在这上面投入资金，而是会把资金投入三个月到一年就能获得收益的创新。如果没有特别支持的话，这项工程可能永远都没有机会成功。它是高风险的，但如果它成功了，将会改变全世界人民的支付模式。"

情况就是如此，思考变革性创新将如何影响你的企业，以及你可能在何处开始下一个层面的创新，对你来说永远不会太早。沿着变革性创新的道路走下去，你会建立一个新的帝国。你要做的仅仅是敞开心扉、接受新思想并乐于进行这种飞跃而已。

品类创新的风险

如果说在变革性创新中风险占绝大部分的话，那么品类创新就是风险和机遇平分秋色。尽管起源于变革性创新的成功产品，例如灯泡、互联网或者移动支付等，但是由品类创新所划分的应用和客户群体却是新的。从品类创新的本质来说，这一类型创新完全是为了增加当前的收益来源。尽管它的未来同样是不可预知的，但如果它成功了，可以是和iPhone手机一样巨大的成功。

其原因是，对于品类创新来说，总有无法预测或定义的因素在影响它。或者是技术方面的风险，或是市场从未被定位且规模无法确定。同时还存在产品的运输成本。因此，直到产品投产或是服务的推出，它只是个不错的猜想而已。每个项目都有它自己的变量，使得它在初期阶段无法确定最终的结果。这也就是许多领导者在有更好或者更可靠的信息之前迟迟不肯作出执行下一个阶段的决定的原因。但这种死等铁的事实而迟迟不敢前行的倾向又确实很危险。你越是早早就迫使一项新技术或是细分市场的开发进入一个风险可量化的模式，你的大脑就越是被这种担心冒险是否值得的想法所充斥，最终使你充满恐惧，裹足不前。

毫无疑问，品类创新能够测试你的领导力和勇气，但是没有些许失败，就不会有大的成功。成功的诀窍就是准确评估你已知的信息和信息的可靠性，然后再评估那些未知问题存在的风险。一旦你这样做了，你就能够将风险水平与你企业的状况很好地结合在一起。你有投资失败的余地吗？你能够承受裹足不前的代价吗？或者问题可能是，哪些工作是必须要做的，在项目推进之前进一步降低风险？

最终，品类创新将建立起你基于商业直觉和信念作出决策的自信心——即使这意味着整个过程可能让你痛苦万分。有一句古老的谚语在这里很合适，"如果你受不了热，就别待在厨房。"要为增长引擎提供动力，当今的领导者必须创造出一个充满可能性、无所畏惧的氛围。别搞错了：畏惧创新的组织是绝对不可能实现可持续创新和增长的。

今天，福特正作为一个高绩效的创新型组织而快速前进，但是它也走过不少弯路。在这一点上，没有人比比尔·福特更痛苦和更真切地记得。当公司一度受困于资金危机时，混合动力汽车正处于关键的开发阶段。与此同时，汽车的销售量开始下滑，产品也被认为不如日本或者德国制造的汽车那样值得信赖，而且公司正遭受过去十年来缺乏创新成功的局面。结果，公司被越来越大的恐慌和短期思维所笼罩。人人都在寻找能够快速治愈公司的方法。

在当时，如同现在一样，削减成本成了最为重要的事情，"贮仓"（silos）一词被赋予了一种全新的意义。大家开始互相埋怨，工程师指责营销部；营销部指责销售人员；经销商指责总部；而制造人员也都是意懒心灰。正如比尔所说，大部分创新都会陷入他称之为"黏土层"的泥潭中。这是挡在真正能够有所作为的人和能够作出移除障碍并采取行动的决策的领导者们面前的一道障碍。

比尔决定，在他执掌福特公司期间，如果有一件他必须要做的事情，那这件事一定是支持混合动力汽车，拯救其免于被黏土层拖死。因为这是一项与现有技术相配套的新技术，将开拓一个规模尚无法准确测定的市场空间，他不得不进行这场大赌注，并坚持自己的方向。从大多数汽车制造商在经济不景气的时候所暴露出的自身问题来看，这是福特别无选择、必须承担的风险，这点是确定无疑的。

在继续往下走之前，需要指出的是，我们并不是建议你千篇一律地将赌注压在未知的事物上，而没有量化各种因素来帮助你预测项目好的一面和了解令人畏惧的消极面。正如比尔·福特所说的，"我不认为勇于冒险是一个人人都适用的路子。我们有过勇于冒险的领导者，推动不成熟的想法前进，但是他们没有回答客户提出来的问题。他们只会令创新倒退。"

"创新是识别非凡的想法，了解客户真正想要和需要什么，并且明白如何在市场上满足他们的需求。我们最杰出的能力就是识别并将那些新的想法转变为实际的商业应用，这种能力来自于工程技术、产品开发和营销之间真正的团队合作。正是这种合作关系，通过不断地解决我们事先所提出的问题，并在正确的项目上协作，使企业所经受的风险最小化。"

在本章的后续部分，我们将更多地探讨如何进行高质量的风险评估。现在，你只需知道将风险评估作为你创新思维中关键的一部分就行了，你能够更好地保护你的投资，无论是继续前行还是就此终结——在它们让你倾家荡产之前。

市场创新的风险

当你步入市场创新的世界，你已经进入一个风险可控的地带。因为这种创新更多是关于拓宽和恢复你的客户群，而不是建立新的市场。这点也同样适用于市场创新得以存在的产品或技术创新。你通常要做的是升级或者个性化那些已经存在的东西，而不是去创造某些新事物。当你这么做的时候，就会存在风险，但是由于你能够在现有技术或是已经作出的投资的基础上去做，并且你还有充足的客户反馈可以利用，这种风险已经大大降低了。即使你的市场创新是全新的（换句话说，不是基于过去的重复），此类风险依然低于品类创新或者变革性创新所带来的风险，因为它的成本更低一些。

市场创新从时间的角度来看风险也更小。它们通常发生得比较迅速，需要的资源也更少；因此，风险自然而然地降低了。如果你正在寻求递进式增长，或是如果你无法留住就可能会流失给竞争对手的替代收入，那么市场创新对你来说是个不错的选择。在这一创新层面上，你需要权衡两个选择：一是不进行创新所带来的风险；二是保持公司和产品处于最新而带来的优势。如果一件产品已经丧失了它和商业或者社会之间的关联，或者如果它变得停滞不前，那么事实上你已经无需选择。毫不夸张地说，这就是创新或者衰落的问题。

几年来，百吉饼与卡夫食品公司（Kraft）的费城奶油干酪一直保持着同步增长。然而，随着百吉饼的增长变缓，卡夫费城奶油干酪的增长也出现了同样的问题。"我们的销量已经停止增长了。实际上，我们当时正处于市场萎缩的边缘，"比拉尔回忆道，他当时任职于卡夫公司。"我们不得不寻找新的途径来刺激购买，并找到新的产品使用场合。"

"因此我从思考我们已经知道的事情开始：百吉饼的销售停滞不前。这部分是由于当时心脏健康问题几乎每天出现在报纸上，人们对他们每天摄入的脂肪含量越来越谨慎。我们也知道，人们主要是在早餐时食用卡夫费城奶油干酪。显然，我们不希望奶油干酪仅成为一款搭配食用的产品或是只在某个时间段才会食用的产品，这便是解决问题的突破口。

"我们首先要解决的问题是，奶油干酪还可以配合什么食用呢？薯条、面包、面包条、饼干、蔬菜，或者水果？人们喜欢把奶油食品涂抹在什么上面？一旦找到这些问题的答案，我们就会询问消费者是否对这些搭配的食物满意。是否有理由开发另一种新的产品呢？尽管我们希望答案是肯定的，但我们也不能确定，因此我们决定进行市场调研以找到答案。我们也考察了人们早餐的情况。到底哪种食品是人们早餐时的主要食用对象、并能够给奶油干酪创造新的协同增长机会呢？"

答案是吐司。

吐司几乎出现在每一个家庭的早餐餐桌上，而卡夫费城奶油干酪要比黄油更健康，这一观点已经得到最广泛的传播。有了这一洞察力，创新也就应运而生。卡夫公司开发了一种新的技术，将传统的又硬又厚的奶油干酪变成一种更易于涂抹的受人喜爱的产品。这种产品不仅可以用于早餐，而且还可以在餐后甜点、车尾派对，甚至夜宵时食用。最初只是为了搭配吐司面包而配制的 Philly 很快就有了脍炙人口的新名字：Whipped Philly。

这则故事是众多市场创新中的典型案例，运用关于某个问题的洞察力，与解决方案相结合，最终帮助企业摆脱困境。不仅核心客户群得到了拓展，同时还替换了由于放弃百吉饼而损失的客户。产品进行了重新设计，但其改造成本并没有增加多少。这是由于最初的开发成本得到了最大限度的利用，并且在过去的基础上构建的新平台帮助企业重新焕发了生机。

进行类似的市场创新对于任何企业来说都是相当重要的。无论是一件产品、一项服务，或者是一项从未尝试过的营销或销售创新，这样的项目都会激励员工并有助于发展创新意识。市场创新如果方法得当，就会是符合成本效益的、带来增长的和高度可预测的。更为重要的是，这种创新常常能够适时地出现，以供下个季度的市场分析之用。这种创新有风险吗？当然，但是就像我们接下来所要说的创新一样，这样的风险值得承受。

运营创新的风险

如果我们要把过去一百年来的创新归类的话，毫无疑问相当部分的成就会归于运营创新的范畴。运营创新是最容易界定的创新，而且管理起来比其他几种创新要更为有效。这有几个原因。首先，运营创新的主要着眼点在内部——它关注的是效率、效力、持续质量和成本对于公司的价值——

而你对这些因素有更多的控制。其次，运营创新具有更大的可预测性（如果我做这件事，那个结果就会出现）。最后，投资和收益的相关性更直观（如果我投入这些，回报就会是计划的那样）。但是，尽管运营创新从表面看来风险更小，但也不要误认为它不需要任何思考。真正的运营创新是关注企业是怎样运行的，以及你能够如何更好地服务客户。这通常意味着改变企业的现状，或者持续投资于人员和技术，即使在所有人都反对的情况下。

自2007年以来，充满不确定性、成本上升、经济衰退等因素一直困扰着许多航空公司。尽管存在这些挑战，对于一家航空公司来说却是十分享受的好时光。这就是阿联酋航空公司。在过去的十年里，以迪拜为基地的阿联酋航空公司从一家区域性的运输公司成长为了世界三大国际航空公司之一。它的成功主要得益于创新性的、法国生产的喷气客气——空客A380。空客A380比波音747的运行成本低12%，它能够运送多达500名乘客，使得人均运送成本大幅降低。而且，空客A380的长距离续航能力使得公司能够充分利用其基地迪拜，抓住那些从北美到亚洲以及从欧洲到亚洲和澳大利亚的洲际旅行乘客。[1]

这种成本的降低和航运能力的提高，帮助阿联酋航空公司在票价低于其竞争对手德国汉莎航空公司、法航荷航集团和新加坡航空公司的前提下还能实现盈利。2010年3月，阿联酋航空公司披露其纯收入为9.64亿美元。随后阿联酋航空又投资110亿美元采购了32架空客A380，使公司的超级客机数量超过了任何竞争对手。为了直观地说明这种增长速度，汉莎航空公司花了40年的时间才采购了30架波音747客机。[2]

尽管这些雄心勃勃的运营投资存在风险，然而像这样的创新却可以对今天的企业产生长足的影响，帮助企业重新书写未来的各种可能性。运用科技使地球上任何两个地点之间只需一站就能到达，能够实现这种飞跃的航空公司将获得巨大的优势。聪明的公司往前看。事实上，经过运营创新，再大的风险也不会影响它的前进。

这种创新是每一家企业每天每时每刻都需要的。它是企业创新引擎得以良好运转的基础。尽管已经说过，我们还是要提醒一下，在你需要运用运营创新来实现增长的同时，还需要市场创新、品类创新和变革性创新的协同支持。阿联酋航空公司的运营突破就是得益于市场创新使得客户对超级客机产生极大的兴趣。除了有其他航空公司只在头等舱才提供的平床席，空客A380提供了淋浴和使人们在飞行中仍能够保持与地面联络的数字控制台服务。这种创新从一个层面到另一个层面之间的自由流动，确保该航空公司的创新最大化；市场创新吸引客户并使他们成为回头客，而运营创新则确保有足够的座位来满足需求。这种双赢的协同作用最大化地降低了风险，并使公司能够在多个层面实现创新——这一点是每家企业都应该去做的。事实上，企业要实现创新驱动下的增长，必须要实现这种多层面创新的协同作用。了解每个层面的创新所蕴含的风险（包括单一风险和复合风险）和回报能够帮助你平衡创新管道，使你更容易作出关键决策。

投资还是不投资——这是个问题

不管是像变革性创新或品类创新这样有风险的命题，还是某些更能预测的市场创新或运营创新，是否投资始终是摆在我们面前的大问题。太多的时候，当你看着利润表，那里没有冒险的余地，尤其是那些高风险的投资。这就是为什么投资于创新往往要在公司的日常运营之外开展。如果投资回报需要的时间长于一年的话，除非有强硬的高层领导支持，否则这种投资就不会实现。通用电气公司认识到了这种投资上的挑战，并找到了一种方法来保证那些风险/回报状况显示出成功潜力的项目的资金供给。在写作本书的过程中，我们有幸参加了通用电气的创新评审会议，这个会议直接决定投资的项目并决定提案是否通过。

这些特别的会议给了那些级别低于通用电气公司董事长兼首席执行官杰弗里·伊梅尔特（Jeffrey Immelt）二到四级的员工机会，他们可以直接向杰弗里阐述自己关于变革性创新或者是品类创新的见解。这个过程完全不需要其全球业务单元或部门的监督。这些来自个人的报告包括潜在客户群、市场潜力预测（基于分析、洞察力和直觉）、价格与成本估计以及市场进入壁垒等。

每次报告之后，伊梅尔特都会划定项目潜在的风险和机遇领域，然后决定一个项目是否值得获得专项资金和支持。那些被敲定的项目，则会在伊梅尔特以及营销部和技术部负责人的保护下有条不紊地进行。

我们观察到，当一个变革性项目被提出之后，绝大部分的焦点集中在如何将其发展的可能性培育到风险能够被评估的阶段。如果是一个品类创新项目，焦点则在于市场和可能的干扰因素是什么。这是一个很好的视角。如果项目的积极面不足以想象其成功的可能性，且不能给你足够的动力去将这些可能性转变为现实，那么该项目的风险就不值得你承担。另一方面，如果其可能性是如此的振奋人心以至于你觉得一定要给它一个机会争取成功，那么这个项目就值得你进行下去。在商业化的过程中，你迟早会有足够的数据去评估投资的风险。

通用电气公司的这种评估程序所做的，其实也正是孩之宝公司的首席执行官布莱恩·戈德纳所谈到的。他建议进行早期评估，避免滞后和高额的投资。这也是为什么戈德纳建议使用他所称的"投资的马提尼酒杯法"。

他说："想象一个马提尼酒杯，在它宽的地方就是你想聚集最多想法的地方，并决定这些想法是否值得你去实践。通过在最开始的阶段（杯子的最宽处）识别哪些是成功的想法，哪些是失败的想法，你就能很好地经营那些真正有机会向前推进的突破性想法，那些就是你要投资的。这种方法能够节约时间和金钱，是决定推进哪些项目的一个原则，因为随着项目的发展，到了马提尼酒杯的狭窄部分，成本会以指数形式成倍增加。"

如果将这种思维应用于创新的层面，酒杯的宽口处就相当于市场创新和运营创新，它们是组成低风险投资的重要部分。这个位置的创新一般可以期望为公司提供短期的财务回报，可以是三个月到十二个月。继续往下走，在酒杯较窄的部分，这里便是品类创新上的投资，可能需要三到五年的时间完成。最后是杯子的最狭窄处，也是同样关键的底部，便是变革性创新上的投资。这里是创新被孵化和保护的阶段，要确保其投资不被传统的公司指标所束缚。当你以这种方式来看待投资，通过不同的层面和时间轴来梳理，将会使你的投资决策变得更容易。

但是，事情还远远没有结束。为了更进一步评估风险，我们将增加另一个维度，带我们深入那些你不想去的地方和那些你不愿意回答的问题。然而如果你做了，迎接你的将是甜蜜的果实。

第 4 章

创新执行

甜蜜点

> 我不想发明任何卖不出去的东西。
> ——托马斯·爱迪生

或许是因为喜欢挑战，马丁·格伦（Martin Glenn）在 2006 年加入了鸟眼食品公司（Birds Eye）。随着豌豆价格上升、昂贵的食用油以及牛奶价格的飙升，其奶油菠菜的利润空间被不断压缩，迫使该食品生产商不得不作出重大的改变。在上任首席执行官的第一个月里，格伦系统地检查了公司的成本并寻找拓展产品线以打开新市场的方法。但是无论他寻到何处，他的目光总是会回到一样东西上——那就是鱼。

这家以英国为基地的公司的受众普遍喜欢干炸鱼。调查显示，鸟眼食品公司的干炸鳕鱼五十年来一直受到客户们的欢迎，看起来这种状况不会发生改变。但是格伦发现，另外一种鱼——阿拉斯加鳕鱼——比普通鳕鱼的产量更丰富，繁殖速度也更快。如果促成这一转变，不仅能够节约公司成本，同时对环境也是更好的保护。这在商业和科学上都有意义，而且也符合对社会关注的调查。现在唯一所缺的就是消费者的购买，他们不仅非常满意于现在的产品，而且也表示不愿意改变。

公司面临的是这样一个在消费者当中普遍的观念：鳕鱼是一种品质很好的鱼。这在许多家庭中被广泛接受。人们并不喜欢冒险去改变他们已经非常喜欢的东西。并且，公众一直在被灌输"鳕鱼是最好的"这一概念，这一点在大众中已经毫无争议，人们相信他们已经相信的东西，这就是鸟眼食品公司需要改变的现状。为此，公司采用了广告和公共关系活动，将阿拉斯加鳕鱼与环境的可持续性发展和健康等因素相关联。阿拉斯加鳕鱼不仅是一个古老的鱼种，而且其生长在冰冷、无污染的水域。通过几个月的努力，消费者开始相信他们现在所购买的阿拉斯加鳕鱼相比普通鳕鱼具有更好的品质。这一转变直接使公司的业绩由亏损5%变化为盈利5%，仅仅一年的时间公司的业绩就提高了10个百分点。[1]

鸟眼食品公司和格伦并没有创造奇迹，他们只是制定了可行的计划。面对商业挑战，他们以创新来寻求解决方案，当他们找到的时候，他们确保客户喜欢他们的产品。换句话说，他们在最需要改变的时候，能够从根本出发，降低风险从而极大地提高了增长的可能性。在第一部分的最后一章，我们将向你介绍一个框架，指导你采取一系列的检查和平衡，确保你的创新在市场中有最大的成功机会。与四种创新层面的概念一样，该框架本身很简单——仅仅是三个短语——但是它们具有强大的力量。

三个W

近年来，当大部分人看到三个W，他们总是自然地想到互联网。但是，从现在开始，当你看到这些词，我们希望你想到创新——或者更准确地说，谁（Who）、什么（What）、为什么（Why）。这三个词能够比你以前遇到的任何东西更能改变你看待创新风险的方式。

请你想象一下三个圈，每一个圈代表创新的一个不同方面。第一个圈代表客户，或者说那些购买你产品的人。第二个圈表示你开发的事物——你的产品或者服务，以及传递它们所需的一切必要的东西，包括科学、技术、流程或者能力，等等。第三个圈是"为什么"：为什么你所考虑的创新对你的企业是有意义的？这要求你考虑成本、资源、时间和潜在的积极面来决定追求（或是反对）创新。你对每个圈了解得越多，风险就会越低，回报也会越丰厚。

它看起来很简单，事实上，大多数公司已经有运用这一概念的能力。

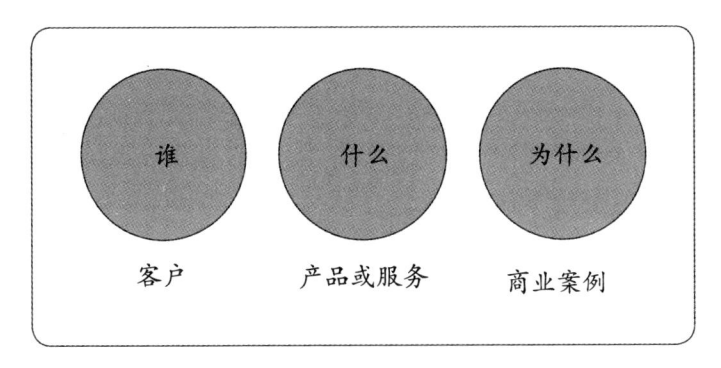

图 4-1　三个 W

它们只是没有将所有因素结合在一起。取而代之的是，他们通过营销、研发、工程和金融等方面将这些因素作为相互独立的实体来对待。这种视角的割裂不仅会增加创新的风险，有时甚至会扼杀创新。你所寻求的不是单一责任，而是整体的协调一致。通过将三个圈放在一起看待，了解每个圈支持并流向其他圈，你会得到创新成功所面对的风险的更真实图景。换句话说，你作出决策应该是基于一幅 3D 立体图像，而不是一幅片面的快照。当这三个圈结合在一起并真正地相互作用，它会带你到达我们在第 3 章提到的甜蜜点，创新在这个点有最大的成功机会。

在我们探讨每一个单独的圈之后，我们会解释更多细节，但是首先，对于三个圈的结合有两点需要注意。第一点是平等问题。贯穿全书，我们一直说客户是创新成功的决定性因素。这是一个一般原则，但是对于评估风险来说，没有一个圈比其他的更重要。结合和交叉点才是我们要寻找的。这意味着每一个圈是同等重要的。

第二点要注意的是，从哪里开始结合的过程并不重要。它取决于你所进行的创新类型——这就是为什么知道进行的是运营创新、市场创新、品类创新，或是变革性创新的重要性。如果是市场创新或者是运营创新，你必须去接近和洞察你的客户，他们是谁，以及他们看重什么。所以从这里开始是有意义的。对于品类创新和变革性创新，可能在很长时间里你都不知道你的客户是谁，因此，等待这些问题的答案只会限制你的进展。对于这两种类型的创新，其出发点几乎总是源于对科学、技术、或者做事情的独特方式的好奇心。

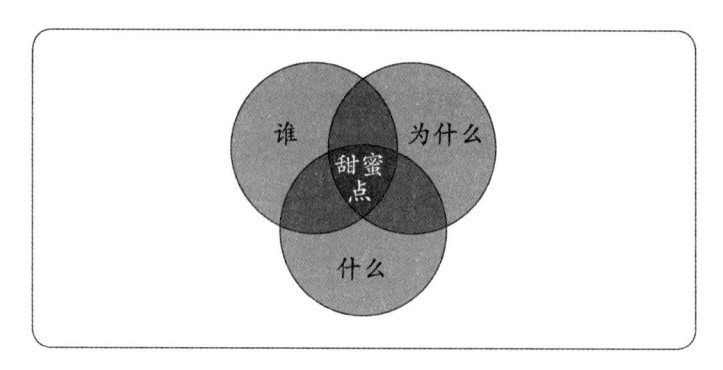

图 4-2　甜蜜点

无论你从哪里开始，你都应该知道每一个圈所代表的因素。为了帮助你做好这一点，我们为每一个区域设置了一系列问题，确保你有完整的认识，不会落下任何重要信息。尽可能多地完成这些问题，对于解决不了问题的予以标记。在本部分的结尾，我们会将这些问题放在一起，看看在这三个 W 之外还会发现什么，或许能有意外的收获。

谁

每一次创新都需要得到市场的认可。就是这么简单。不了解你要面对的人或者公司，你就不能预测市场、完成开发，或者应用指标。这就是我们在第 2 章所讲述的理解力和洞察力起作用的地方。运用你所有的客户洞察力来源去回答表 4-1 里的问题。而且，鉴于这个工具只是作为指南，而不是法则，你可以添加任何与你的客户、消费者或者公司相关的我们没有列出的问题。重要的是尽可能多地了解"谁"来决定所面临的风险。

一旦你尽可能多地完成了这些问题，你就可以转到下一个圈。如果你不能够回答所有的问题，不要急。这仅仅意味着你要么需要有足够自信去冒险，或者应该等到更进一步降低风险。

什么

这个圈代表创新本身。它包括需要什么来传递产品或服务，确保它真的有所作为。有时候，这意味着创造一项新的科学或技术或者创造一项创新性的流程，就像亨利·福特创造出大众负担得起的汽车或卡夫创造出易

表 4-1 谁

关于"谁"的问题	提　示
确切地说，谁是你的客户？	用分析、洞察力和直觉来支持你的答案
人口统计学特征、种族特征和心理特征是什么？	界定你的业务的规模、地理区域、利润率、增长目标、信誉、协同效应、毗邻效应，以及适应变化的能力
你的客户当前的购买习惯是怎样的？	从积极面和消极面这两个方面界定这些习惯可能会如何影响你的创新
客户对品质的期望是什么？	一定要明白是基于目前可能的/已经接受的品质，还是他们真正想要的品质来界定客户的期望
客户如何定义和体验价值？	关注价值的所有维度：物质上的、智力上的、情感上的和精神上的。识别客户当前看重的价值是什么，以及你的创新将如何增加价值
什么会使客户满意，什么会使客户愉悦，什么会让他们惊喜？	思考客户当前期望什么，以及他们认为不可能获得什么
创新的重要性是否容易被客户所理解？	这直接关系到客户的采纳率。如果一项创新是容易理解的、且凭直觉判断是具有价值的，那么客户对它的接纳速度会很快
你的创新解决什么问题，或者创造什么机遇？	准确地界定创新将带给客户什么——它将如何影响他或她的生活
当前或之前的竞争产品的不满意因素或局限性是什么？	从别人的错误中吸取经验教训
客户体验中的相关接触点是什么？产品与客户体验的差距在哪里？	审视一切：包装、购买的便利性、服务水平、使用的便利性、储存、处理，等等。如果是服务，关注等待时间、服务的传递，以及售后服务
过去的可比创新的采纳率如何（如果有的话）？	确定是什么阻碍或是帮助与你的创新类似的创新的成功。如果它像互联网一样不同寻常，采纳时间可能会很长。有些人们认可的事物——例如移动通信设备——可以迅速被人们接受，就像 iPhone 一样

表 4-2 什么

关于"什么"的问题	提 示
这是一项现有产品还是一项新技术、新科学或者新服务？	做足功课，确保你充分了解有哪些创新可以选择，以及从改良到最前卫的技术之间最适合你的位置
独特的优势有哪些？	诚实面对自己，你的产品真正的不同之处在哪里
它是否可取得专利，或者它是一项商业机密？	了解你实际拥有的保护，并决定它是否能够提供有竞争力的前置时间
时间界限是多久——一年、三年、五年或者更长时间？	仅根据你知道你能够完成的时间来考虑
需要什么监管或合规措施？	对于获得必要的许可，你有多大的控制权？你将其考虑到你的时间预测中了吗？
将消费者需求与商业洞察力相结合，这能够改变社会吗？创造新的品类？转变当前的技术？	了解如果市场和商业论证支持产品开发时，产品将产生什么样的影响。影响越大，风险可能更乐于接受
你是否对这一命题进行了多元思考？	你可以从多少种不同群体中获得反馈信息？不考虑他们多样的背景和观点，这些反馈信息是一致的吗？
你的企业是否有耐心等待所需的开发时间？	你有足够的资源和领导力来买进那些帮助企业跨越商业发展障碍的创见吗？

于涂抹的奶油干酪一样。在其他情况下，这或许意味着一项新的设计，就像莎拉·布莱克利为Spanx想到的那样。也有可能这不是关于产品或者技术，而是为了降低风险，你需要去界定管制或者法律。不论它是什么，现在就是你找出自身所在位置的时候。

如同对待"谁"这一圆圈一样，尽可能多地回答问题，随着创新的进展，回答之前尚不能回答的问题。对于短期创新，所有这些问题应该是相对比较容易回答的。对于需要新发明的项目，时间期限可能会更长。越接近完成并更加可确定时，你应该能够收集更多有助于降低风险的信息。还记得通用电气公司为铁路进行的电池创新吗？当公司着手研究时，它是寻找一个单一行业的解决方案，但是随着研究的进展，研究员们能够看到邻近领域的应用，这有助于扩大"谁"的定义。开发了一个更大的商业化运输市场，风险自动降低了——对下一个圈来说，这的确是一个好消息。

为什么

最后一个圆圈代表商业案例，或者说为什么实施一项创新具有或者不具有商业意义。这看起来似乎是一件不用费脑筋的事，公司在继续推进项目之前应该知道这一点，但是我们看到太多失败的创新，都是因为它们没有在现实的条件下去评判那些商业案例。想要、需要或者知道你应该创新不是实施一个项目的正当理由。你需要了解项目为什么在财务上、竞争上和战略上是有意义的，然后确定这个项目是否值得冒险。

表4-3 为什么

关于"为什么"的问题	提 示
市场潜力有多大？能够维持一年、三年、五年还是十年以上？	从最短时间和最长时间两个方面考虑，但为最短时间做计划
谁是或者将是你的竞争对手？	你能够提供关于现阶段竞争格局的深层信息，并预测其他人的未来计划吗？
你是在提供独特和有差异的产品吗？	你所提供的产品有多么特别，相对于定价、购买便利等来说它意味着什么？
你如何赚钱（利润、增长、产品成本、投资回报）？	生产成本是多少，市场会支持什么定价？确保你清楚所需供应链、分销机制和销售预测的所有细节，确保盈利可以实现
如何界定商业成功？	理解表明成功的指标有哪些
你是否有一些能够帮助你渡过难关的品牌？	了解品牌的力量，或是缺少品牌力量，你不得不利用的某些事物
你如何保卫你的企业？	竞争对手有什么进入壁垒？你知道什么将使你取得长期成功吗？
你的商业计划或战略是什么？	你是否已经花时间去完全界定企业的方方面面，并制定战略以实现商业盈利？

回答三个圆圈的问题之后，现在你能够看到困难出在哪些地方。正如我们之前所说的，未回答的问题越多，风险就越大；花费越多的时间去填补空白，并将三个圈结合在一起，成功的可能性就越大。之前，我们讨论过鸟眼食品公司。当公司开始在干炸鱼上寻求创新时，它已经结合了三个圈中的两个——一项满足市场需求的产品（即便不是人们期望的）和一个提高盈利能力的商业案例。它缺少的是客户，因此公司采取了必要的步骤去结合第三个圈。鸟眼食品公司及时推出了新产品，以时髦的新包装和宣传活动吸引并等待客户的回应。运用这一战略，客户的反馈和回应是可观的。而且，通过将它对客户的洞察力与环境责任更广阔的世界观结合在一起，鸟眼食品公司将一个潜在的失败者转变成为一个明显的胜利者。

认识到这一点很重要：原有的鳕鱼产品一度非常成功，而且三个 W 是结合在一起的。但是成本会上升，市场会波动，客户会变化。当创新被某项商业案例所驱使，你必须确保你知道如何将这三个圈结合在一起以最小化风险。这一点对于市场层面和运营层面的创新尤其重要，因为在这些层面，公司倾向于作短期考虑并偷工减料以希冀迅速获得回报。

不管你从哪个开始，或者试图实施哪个层面的创新，这种看待三个圈和确保所有问题都被回答的方法都是有效的。有时候是一项客户洞察力驱动了创新，就像我们看到的 Spanx 一样，或者是 Skype 或无需电源的冰箱等技术或科学上的突破。无论哪个圈为主导，找到三个圈结合的甜蜜点是创造成功的创新的精髓所在。除此之外我们别无他求。

把创新带回家

在讨论创新执行的时候，我们想要展示如何将各个部分结合在一起，不仅仅是为了一家公司，而是为了一个世纪跨度上的整个行业。因为比拉尔花费了超过十年的时间去研究我们接下来将谈论的产品，我们认为它很适合出现在这里。

让我们先参观一家位于纽约州北部的饭店，我们的旅程从这里开始，并且毫无保留。随着故事的展开，我们会插入一些评论，将经验教训与我们在第一部分所讨论的内容相结合，这样你就可以更容易地将这些观点应用于你自己的企业。请记住，尽管这个故事是关于一项消费者产品，但相同的原理也能够应用于企业与企业之间的互动。因为在所有与创新相关的活动中，客户和消费者是主导。

薯片的诞生

1853年夏天，一个叫乔治·克拉姆（George Crum）的年轻人在美国纽约州莎拉托加温泉市雅致的月亮湖度假村做主厨。在这家餐馆的菜单上最受欢迎的菜品之一是一种法式风格的炸土豆，切成长条，微炸，吃的时候使用餐叉。故事继续，当一名顾客把这道菜退回厨房——不是一次，而是两次——抱怨薯条切得太厚的时候，克拉姆被激怒了。克拉姆的暴躁脾气和尖酸刻薄是出了名的，他把土豆切成很小的、像纸一样的薄片，然后把它们用油炸脆。为了进一步报复顾客对他厨艺的羞辱，他还在上面放了很多盐。但是当他看到那个顾客和他的同伴把那盘加了料的东西狼吞虎咽地吃完以后，他脸上得意的笑容消失了。顾客喜欢这盘加了料的东西！而且，其他的客户也开始专门点这道菜，结果，克拉姆的"莎拉托加土豆片"变成了这家餐馆最受欢迎的菜品。克拉姆的故事再次验证了这个事实，只要你处处留心，创新就在你的身边。

尽管克拉姆可能并没有觉得他的薯片是一种创新，但是事实上，这是他创造的一个新产业和好业务的开端。在这次挑剔的客户事件几年之后，克拉姆开始经营自己的餐馆，因为他的餐馆不接受预订，所以餐馆门口总是排着长队，人们都在等着品尝他的薯片。然而，像本杰明·富兰克林与他的避雷针一样，克拉姆从来没有申请薯片专利或者大范围地传播他的薯片。其他餐馆也迅速开始向顾客提供自己的鲜炸薯片。当这些餐馆的人气提高之后，它们吸引了一些快餐食品企业家的注意，创新的流动开始了。

来自俄亥俄州克利夫兰市的商人威廉·塔彭登（William Tappendon）就是这样一位企业家。他在1895年开始做薯片，开始是在自己的厨房里，稍后，把自己家的谷仓当做临时工厂。他将土豆手工去皮切片后，放在一个大锅里炸，然后装罐送到杂货店卖。[2] 在那里，零食装在桶里或玻璃陈列柜里销售，顾客购买之后用纸袋装回家。薯片从饭馆的一道菜拓展到可以带回家的零食，将创新移动到了邻近的品类（从食品服务到杂货店）。塔彭登知道，客户们喜欢这个产品，他们乐意去买它，而且这会为他带来财富。这是薯片有潜力移动到甜蜜点的第一个信号。

思考桶外

随着时间的推移，薯片受到广泛的欢迎，而且像机械化去皮机和自动油炸锅等创新（两者都是运营创新）的出现，使得薯片的生产水平大大提高，小型区域生产者也能获得利润。在接下来的二十年中，薯片生产工厂从俄亥俄州南部到得克萨斯州，再到马萨诸塞州东部和宾夕法尼亚州，如雨后春笋般大量涌现。这些工厂都在其所在区域内获得了成功，但是他们都面临一个共同的问题——保鲜和破损。

薯片为消费者所喜爱的一个原因是它的酥脆和直接从油锅捞出来到摆到餐桌这段时间的新鲜。从做好前期准备，运输，再到储存到杂货店的桶里，一部分薯片会在这过程中碎掉。在几天之内，薯片都开始变味和变质了。即使在油炸之后，薯片也会保留一定水分，而且油暴露在空气中也会慢慢变质。储存在桶下面的薯片经常变潮变质，而且保质期自然会缩短。

当所有公司都在为这些问题发愁的时候，西海岸一位名叫劳拉·斯卡德（Laura Scudder）的企业家想出了解决办法。斯卡德有着强烈的好奇心和对知识的渴望。她一开始只是费城的一名护士，后来在加利福尼亚州的尤凯亚市做一名律师，然后在搬去蒙特雷市后，她建立了自己的食品公司。她的第一个产品就是薯片，像其他公司一样装在桶或罐子里运输。她做得很好，但是像在她之前涉足这个行业的公司一样，保鲜和防破损也是她所面临的问题。在所有挑战中，这些问题从来没有人解决过。它们阻碍了销售，使企业很难取得巨大成功，技术得不到发展。解决这些问题需要运营创新。油和空气是问题所在，但是，当大多数公司试图在厨房里解决这些问题，劳拉却把工作重点放在包装上。

每天晚上，在她的女雇员下班的时候，劳拉都会让她们带上一些蜡纸。在晚上，她们要把这些蜡纸熨成一个个在第二天用来装薯片的袋子，封装之后再运输。她的包装创新使得薯片储存在一个更稳定更可靠的环境中，这样，打开包装之前薯片都会保鲜，而且减少了破损。现在，薯片可以大规模市场化生产，成为一种新的便利食品。斯卡德的公司作为第一家在产品上标示保质日期的公司而被人们所信任，她所设定的这一标准，至今仍是食品行业最重要的标准之一。通过这次以解决保鲜问题为目的的必要的运营创新，她也打开了市场创新的大门，如保质日期，加强了她同消费者的关系，同时也获得了在竞争中的决定性优势。[3]

当玻璃纸发明以后，包装技术在提高，更多的市场创新开始出现。1933年，预印好的、打蜡的玻璃纸包装袋首次出现，使得品牌成为可能。包装好的薯片意味着选购薯片变成自助形式；不需要柜员来称重，而且消费者有了更多的选择——品牌战争一触即发。重要的是记住这一点：关于客户需求的洞察力（保持新鲜度）和商业洞察力（潮湿、空气和运输缩短了保质期并造成破损）导致了包装创新，消除了企业增长的障碍。

从困境到辉煌

从乔治·克拉姆在厨房里生气而创造出我们今天所熟知的薯片，到现在已经有158年了。从那以后，无数的公司趁着薯片风靡的浪潮，基于如自动削皮机和自动油炸锅等技术发明的运营创新，共同促进着这项产业的发展。但是最终促使这个产业发展到新水平的人，是一名为巴雷特食品公司（Barrett Food Company）工作的雄心勃勃的24岁推销员；这家位于佐治亚州亚特兰大市的公司是加德纳薯片的生产商。这名推销员就是赫尔曼·W·雷（Herman W.Lay）。

雷在很多方面都非常出色，但是他最大的天赋是他的直觉以及和顾客保持亲密关系的本领。起初，他开着卡车去卖他的薯片，从一家食品店到另一家食品店，跟店主和客户们聊天，并且看着他们吃他的薯片。他关注人们的反应，询问一些问题，听那些薯片如何被人咀嚼出声音，并观察这些薯片带给人们的喜悦。他注意到顾客们会仔细挑选那些略微炸焦的薯片，并选择那些光亮的、金黄色的薯片。他看着顾客们舔着手指大吃自己的薯片，想着"再来一片就更好了"。

他是如此了解自己销售的产品以及它们受到喜爱的原因，所以他看到了这个领域所蕴含的巨大商机。那一年的下半年，他借了100美元，以经销商的身份接手了位于田纳西州纳什维尔市的巴雷特公司的小仓库。他的企业增长迅速。1933年，他雇用了第一名销售员，并在随后的一年里，开辟了六条新的销售路线。到 1936 年，他已经雇用了 25 名员工并推出了附加产品，制作自己的花生黄油饼干和炸爆米花。关键的一年是 1938 年，他筹集了 6 万美元，购进了财务状况捉襟见肘的巴雷特公司位于亚特兰大的工厂，并且持有了加德纳品牌的使用权。[4] 这是一个王朝的开端，从此以后，乐事（Lay's）薯片成为了美国知名休闲食品的象征。

　　为什么这位年轻的企业家能够成为薯片国王，而其他人充其量只是王子，这里面有很多关键原因。最重要的是他的直觉和对消费者的信任，以及他想要了解消费者需求的意愿。从一开始，他就花时间在他的顾客身上，更多地关注他们说了什么，而不是他们买了什么，这使得他能够不断丰富他的知识和洞察力。他也同样善于理解商业运行。据说，他把应收账款放在一个口袋里，而把应付账款放在另一个口袋。通过拍拍口袋，他就能够知道下一步应该如何做，以及是否需要购进更多的土豆。适时地，尽管他的经营规模已经明显地超出了他的口袋所能承载的金额，但他依然没有忘记他的基本原则。

　　秉持"取悦消费者是成功最重要的条件"的信念，他创新了一套销售系统，促使他们在销售领域做得更多，而不是仅仅配送货品给商店店主。他们也贮存货品，进行现场展示，并把过期包装从货架和展示柜上撤走以保证产品质量，避免它们被售出后令顾客失望。这一套称作"店门"（storedoor）的配售系统有效地实现了收入增长，因为销售员们可以在一个充分建立客户关系和忠诚度的环境中工作。而且，每当引进新产品的时候，更容易收货和安排宝贵的货架空间。这一全新的配售系统，以运营创新为出发点，如此具有革命性，以至于它最终向上延伸、变成了一项足以改变整个全球食品行业的企业运营模式的变革性创新。他们把这一销售模式称之为"直接店铺配送"，时至今日，八十多年以后的今天，直接店铺配送依然是配送易变质食品所采用的方式。

　　雷继续创新。在 20 世纪 40 年代早期，他新开设了四家制造厂，并在亚特兰大新建了一个拥有不间断薯片生产线的工厂，这在全世界是第一家。1949 年，他创办了一个研究实验室用以开发新产品，目标只有一个：生产出最松脆、最新鲜、金黄色泽且保质期长的薯片推向市场。

　　为了实现这一目标，公司进行了垂直式整合，与农民一起种植土豆，

028	人类学讲义稿	王铭铭 著	88.00元
029	市场营销（插图第9版）	（美）罗杰·A·凯林 等著	128.00元
029-02	市场营销（插图修订第9版·普及版）	（美）罗杰·A·凯林 等著	78.00元
030	西洋现代史（插图第4版）	（美）罗伯特·帕克斯顿 著	88.00元
031	世界史前史（插图第7版）	（美）布赖恩·费根 著	58.00元
032	西方音乐简史（插图第9版）	（美）米罗·沃尔德 等著	49.80元
033	服务营销原理（第5版）	（英）艾德里安·帕尔默 著	78.00元
034	闪回：电影简史（插图第6版）	（美）路易斯·贾内梯 等著	68.00元
035	社会科学导论（第12版）	（美）亨特 等著	68.00元
036	东亚史（插图第4版）	（美）罗兹·墨菲 著	88.00元
037	全球冷战	（挪）文安立 著	60.00元
038	历史研究导论	（英）迈克尔·斯坦福 著	46.00元
039	商务沟通（第7版）	（美）斯科特·奥伯 著	68.00元
040	美国战争史（第2版）	（美）詹姆斯·M·莫里斯 著	58.00元
041	认识性学（插图第6版）	（美）威廉·L·雅博 等著	68.00元
042	光与镜头	（美）罗伯特·希尔施 著	99.80元
043	社会心理学（插图第7版）	（美）埃略特·阿伦森 等著	80.00元
044	哲学导论（第9版）	（美）罗伯特·所罗门 著	78.00元
045	世界舞台上的政治（插图第12版）	（美）约翰·鲁尔克 著	88.00元

即将出版

社会学与生活（第11版）	（美）理查德·谢弗 著
戏剧简史（第7版）	（美）埃德温·威尔森 著
概念中的国家：政治、地理与文化（第10版）	（美）迈克尔·G·罗斯基 著
逻辑要义（第2版）	（美）柯比 等著
地理学（第11版）	（美）亚瑟·格苇斯 等著
考古学导论（第12版）	（美）布莱恩·M·费根 著
新闻报道与写作（第11版）	（美）梅尔文·门彻 著
传播学理论（第7版）	（美）埃姆·格里芬 著
认识宗教（第5版）	（美）迈克尔·莫洛伊 著
理解圣经（第8版）	（美）斯蒂芬·L·哈里斯 著
基督教神学导论（第5版）	（英）阿利斯特·E·麦格拉斯 著

......

购书服务： buy@hinabook.com
010-5749-9090　　133-6657-3072
后浪直营店： bjhlts.tmall.com
后浪商城： www.hinabook.com（官网）
官方微博： weibo.com/hinabook

读者服务： teacher@hinabook.com
010-5749-9090
欢迎来电来函索取试读本及教学课件
地　址： 北京市朝阳门内大街137号
　　　　 世界图书出版公司西院
　　　　 后浪出版公司（邮编100010）

后浪出版公司官方直营店
http://bjhlts.tmall.com

后浪大学堂系列丛书

筹划出版：银杏树下

"大学堂"开放给所有向往知识、崇尚科学，对宇宙和人生有所追问的人。

"大学堂"中展开一本本书，阐明各种传统和新兴的学科，导向真理和智慧。既有接引之台阶，又具深化之门径。无论何时，无论何地，请你把它翻开……

编号	书名	作者	价格
001-01	社会学与生活（插图修订第9版）	（美）理查德·谢弗 著	68.00元
001-02	社会学与生活（插图修订第9版·普及版）	（美）理查德·谢弗 著	39.80元
001-03	社会学与生活（插图双语第10版）	（美）理查德·谢弗 著	78.00元
001-04	社会学与生活（精要插图第11版）	（美）理查德·谢弗 著	42.00元
002	小说鉴赏（双语修订第3版）	（美）布鲁克斯 等著	78.00元
003	拍电影（插图第6版）	（美）琳恩·格罗斯 等著	45.00元
004	认识电影（插图第11版）	（美）路易斯·贾内梯 著	68.00元
004-02	认识电影（影印第12版）	（美）路易斯·贾内梯 著	88.00元
005	中国近代史（第6版）	（美）徐中约 著	66.00元
006-02	经济学的思维方式（修订第12版）	（美）保罗·海恩 著	49.80元
006-03	经济学的思维方式（影印第12版）	（美）保罗·海恩 著	68.00元
007	听音乐（插图第6版）	（美）罗杰·凯密恩 著	78.00元
008	伦理学与生活（第9版）	（美）雅克·蒂洛 等著	58.00元
009	电影艺术（插图第8版）	（美）大卫·波德维尔 等著	78.00元
009-02	电影艺术（影印第8版）	（美）大卫·波德维尔 等著	98.00元
010	西方哲学史（修订第8版）	（美）撒穆尔·斯通普夫 等著	68.00元
011	现代世界史（插图修订第10版·上下册）	（美）R.R.帕尔默 著	128.00元
012	韦洛克拉丁语教程（插图修订第6版）	（美）F.M.韦洛克 著	99.00元
013	认识商业（插图第8版）	（美）威廉·尼科尔斯 等著	68.00元
014-01	中国文学史（上册）	龚鹏程 著	42.00元
014-02	中国文学史（下册）	龚鹏程 著	60.00元
015	性学观止（插图第6版·上下册）	（美）贺兰特·凯查杜里安 著	88.00元
016	西方管理思想史（插图第4版）	郭咸纲 著	60.00元
017	意识形态（第10版）	（美）利昂·P·巴拉达特 著	42.00元
018	简明逻辑学导论（第10版）	（美）帕特里克·赫尔利 著	78.00元
019	世界政治（插图第11版）	（美）查尔斯·W·凯格利 著	68.00元
020	认识媒体（插图第2版）	（美）乔治·罗德曼 著	88.00元
021	美国、俄国和冷战，1945-2006（第10版）	（美）沃尔特·拉费伯尔 著	49.80元
022	中国哲学简史（插图版）	冯友兰 著	35.00元
023	世界史（插图修订版）	（美）卡尔顿·约·亨·海斯 等著	68.00元
024	中国艺术与文化（插图修订版）	（美）杜朴 等著	68.00元
025	与艺术相伴（插图第8版）	（美）马克·盖特雷恩 著	88.00元
026	翻译的技巧	钱歌川 著	56.00元
027	亚洲史（插图修订第6版）	（美）罗兹·墨菲 著	80.00元

培育糖含量最低的优良品种（糖分多容易在炸制过程中变焦）。研究人员确定了最佳尺寸和形状、每个季节最适宜种植的区域，以及新的储藏技术，确保土豆在冬季的品质。精确的切割技术保证薯片大小一致，严格审查煎炸用油以保证薯片的口感，保存期限也比以前更久。加盐技术和快速包装也有助于实现这一目标——尽可能长时间地保持薯片的新鲜口感。

从原味薯片开始，薯片在口味上的创新和演变，再一次受到了消费者的影响。通过观察，公司发现人们在吃薯片的时候喜欢蘸酱汁，受此灵感激发，公司研发出酸奶油、洋葱和烧烤风味的薯片。"密谷大牧场"（Hidden Valley Ranch）沙拉酱的大受欢迎，开创了人们对于这种全新口味的疯狂喜爱，而这一市场创新——正是来源于将各点融会贯通的洞察力，这恰恰是雷特别擅长的。

一路走来，这家公司始终保持着完美的生产技术。制作完美薯片的精细、明确的指南让人难以置信，且被精确地控制着。这项了不起的科学技术在很大程度上源于雷在建立一家兴旺的企业的同时服务顾客的激情。它的确繁荣——每小时能够加工五千磅薯片！这是在技术（什么）、顾客（谁）和商业（为什么）三个创新圈重叠和交叉的领域中，实现持续发展的完美案例，它把企业推向了一个全新的高度。

1956年，雷已经将公司发展成为拥有上千名员工、在八个城市设有制造基地的大型公司，并在十三个城市设有分支机构或仓库。1957年，公司的收益达到1600万美元，使得乐事成为全美最大的薯片制造商。今天，全世界的薯片市场规模过160亿美元。[5] 单在美国，薯片的零售额就可以达到每年60亿美元。薯片是我们这个星球上最普遍的食品之一，也是少数几个不需要改变口味或设计以适应不同文化品味的产品之一。现在，乐事依旧是世界头号薯片品牌。

而这一切，都始于一位顾客的抱怨。

这个故事关注了以顾客（谁）为中心、将洞察力与合适的技术（什么）相匹配，以及拥有一个坚实的经营基础（为什么）将如何引领非凡的创新。它是要能够在全部四个层面上想象创新的可能性，并通过远见、勇气和领导力将创新推向可能达到的最高水平。表面看来，它近乎简单。一位顾客抱怨；薯片诞生；然后发明、创新、精明的商业活动诞生出一个新帝国。

然而，在实际操作中，它是技能、环境和领导力所构成的高度复杂的拼图，引导船舶驶向正确的海岸。

创新是为了进步，如果我们能够从薯片的案例中收获什么，那就是不断的机遇和杠杆点会出现于任何品牌。你只需要建立于正确的洞察力、投资于正确的机遇，并通过确保全部三个圈——谁、什么、为什么——结合在一起来控制风险。当你将这种模式与四个创新层面相结合，你就有机会创造出一些像品尝嘴唇上的盐或是听到咀嚼金黄色薯片时清脆的声音那样令人难忘的事物。

创新应该是每个人的使命。

对于那些习惯说时代已经不同了、机会与赫尔曼·雷的时代相比少得可怜的人们，我们要说，"并非如此！"如果有什么区别的话，那就是我们比过去拥有更多的机会。我们处于一个渐进式变革的时代。对于那些善于观察的人来说，关于市场的洞察力和接触要比过去多得多。对于拥抱技术的人来说，其演变的速度前所未有；而领导力也在等待那些有勇气去驾驭它的人们来掌控。这里已经搭起了一座从想象到现实的桥梁，而这座桥就是领导力，我们下一步将要去的地方。

BREAKING | 第二部分
AWAY | **领导力方程式**

如果你问人们什么是创新最大的障碍，他们不会说技术或者想法，甚至机遇；他们将会告诉你——是人。高级管理人员说他们的员工并不关注创新。他们没有展现出进取心和事业心。而他们的员工说他们被僵硬的体制束缚着，缺少活力，并且他们没有被授权尝试新的想法，如果他们确实尝试但却失败了，这是他们自己的责任。人人指责其他人应为公司缺少创新而负责，或者正如一个中层经理所称的"nonovation"。

事实上每个人都是对的——至少部分是。雇员们认为创新是冒险，或者最起码寻找新想法来保持公司增长不是一个优先事项。2006—2007年的一项在线调查显示，33%的工人认为他们的老板对于创新是抵制的。[1]这种想法和沮丧的气氛证明高级管理人员是正确的，他们的员工没有在尝试。那么答案是什么呢？

处于领导地位的人。

这是先决条件。没有它就没有一切，即没有领导，就没有创新。领导者是提供愿景、设置期望，并使整个公司富有想象力的人。如果领导者自己不具备创新，创新就不会发生。事情就是这么简单。

你会看到，在接下来的章节我们深入探讨是什么界定了创新领导力的成功时，这个观点会不断被提及。首先，我们将关注不同的领导议程如何对公司发展的好坏产生巨大影响。为了说明这一点，我们选择了四家公司——福特汽车、丰田汽车、苹果公司和孩之宝公司——然后考察每个公司的不同领导时代。正如人们所说，"布丁什么味道吃了才知道"，因此我们决定检验真实公司的真实业务记录，而不是进行假设的实验。

接着，我们将关注是什么成就了一个成功的领导者。是否如《纽约时报》的文章所说的那样，"关注细节，坚持不懈，有效率，分析透彻，有能力长时间工作"？[2] "有组织，顽强，谨慎，稍显沉闷的人更可能成功"这句话是正确的吗？[3] 答案是，既是也不是。

大多数成功的人有共同的品格如坚持和奉献，但是创新领导力有着不同类型的个性和我们将要探索的思维方式。在这个过程中，我们会看到引人注目的史蒂夫·乔布斯和谦虚的 A. G. 雷夫利（A. G. Lafley）是如何成为创新领导力的大师的。

最后，我们会从一个更全球化的视角来看待领导力。首席执行官可能需要拥有创新，但是他或她不能独自完成。为了成功，你不仅要有恰当的能力，你周围的人也要具备恰当的能力。在第二部分的最后一章，我们将着眼于领导力的特点，因为它们与四种不同类型的创新相关。我们也将看看文化，以及它如何帮助领导者实现公司发展或者脱离领导者而枯萎。在本部分的结尾，我们保证你将发现自己和那些在你身边的人闪耀着非常不同的光芒。

第5章

领导者在创新中的角色
美元始于此

> 创新是增长引擎的燃料，
> 领导力则是燃料的递送者
> ——简·史蒂文森

创新是从灵感中构思出来的，而只有通过领导力，创新才有可能成为现实。它是粘牢联接点的黏合剂，并将一个伟大的想法变成商业上的成功。因此，一个公司的创新水平，是其最高领导者的直接反映。如果领导者的话是谨慎的，关注控制成本和加强底线，那么员工和合作伙伴就会按照管理他们已经拥有的资源的形式看待问题，并按今天的衡量标准来评判。然而，如果领导者专注于创新，情景则会非常不同——一个有着盈利增长和无限可能性的公司。

对制药行业怀揣梦想的首席执行官伊莱·赫维茨（Eli Hurvitz）就是一个很好的例子。在他的职业生涯早期，他设想了一个以全球性方式进入仿制药市场的战略计划。当时，由于严格的监管，只有35%的非专利药物有仿制竞争对手。但在美国，拟议的立法有望放松监管，从而显著改变这种情况。赫维茨的设想有着巨大的潜力。事实上，他是这么肯定他的战略，以至于转移他的梯瓦制药公司（Teva Pharmaceuticals）进入这个市场成为他的首要重点。尽管公司没有多少资本扩张的先例，甚至没有进行这种商业冒险的专业知识，但是这位上任不久的首席执行官仍然坚持。他看向了美国市场，寻找最佳的交易，因为美国统一的监管使进入仿制药市场相比欧洲而言更容易，而欧洲各国的法规相差甚大。不管是运气还是令人难以置信的洞察力，他选择的时机是完美的。

1984年，立法通过，赫维茨也找到了他的交易。结果是与格雷斯公司（WR Grace）合资，收购了一家德国人所有、总部设在美国的名为柠檬（Lemon）的公司。从记录上看，这家公司并没有多少让人敬佩的地方，但价格是合理的，它完美地融入了赫维茨精心打造的打入美国市场的战略。格雷斯投资了2150万美元，而赫维茨只投入了150万美元。以后发生的事情证明这是一次完美的交易。"我们必须改变一切，"赫维茨说。"管理、会计、语言、产品——人们嘲笑我们。但我们有远见，我们有一个好的战略！"最后，拒绝放弃终于赢得回报。2000年，该公司达到了10亿美元的销售额。今天，它每一季度销售额30亿美元。[1]

赫维茨继续担任首席执行官长达二十五年，并于2002年成为董事长。在他坚定、有时候有争议的管理下，以色列梯瓦制药公司成为一个新的旗舰产业的先驱。虽然这个产业一直有新的企业出现，梯瓦制药公司仍然排名世界上最大的仿制药生产商之一。

通过抓住一个重大的品类突破机会，然后顽强地将其导入市场，赫维茨建立了创新想法与实现这个想法所需要的领导力之间的关键桥梁。他对于他相信可能会发生的事情充满激情和投入，是使他的领导团队做他们可能从没想象过的事情的驱动器。有一个梦想是不够的，你要鼓舞他人和你一起去梦想。这就是造就一个伟大的创新领导者的条件；这就是创新、展望更美好未来的公司与那些只求一天天苟活的公司的区别所在。

在第一部分，我们讲述了那些改变世界、创造产业、为股东带来利润的公司的例子。虽然每家公司有自己到达那里的路线，但使成功成为可能的一个共同主线就是领导力。回报不只停留在顶端，它也从那里开始。没有关注创新的领导力，实现可持续增长是不可能的。

在讲述领导力的本章，我们将通过考察四家不同的公司和影响了公司命运的不同领导者，看看CEO在现实世界中带来的巨大不同。其中一些人已拥有了伟大的创新，而另一些已经离开他们的公司，要么仍然还在，或更糟的是，面临破产。下一步，我们将做一点不同的事情。在与人讨论这本书的时候，我们问他们能否描述一名 CEO 是什么样子的。他们的回答以意想不到的方式触动了我们。他们坦诚、情绪化、拥有丰富的洞察力，你会在接近本章结尾的信中看到。

领导者所做的事情对人们有很大的影响——员工、客户、股东和利益相关者。太多的时候，我们忘记了我们的行动和态度的涟漪效应。然而这些涟漪，无论是大是小，都会决定很多人的命运。如果你想要看到你的公司走向成功，看到它通过创新摆脱其他的包袱，实现可持续增长，你需要成为那个驾驭者。

领导者义不容辞的责任

1978 年，詹姆斯·麦格雷戈·伯恩斯（James McGregor Burns）写道，"我们这个时代最普遍的渴望之一，是对有吸引力和富于创造性的领导的渴求。"[2] 传统来说，领导者被定义为那些掌握权力的人，这使总统、首相和军事将领——不管他们的成就如何——被看作领导者。将领导与管理等同进一步混淆了这个问题。就像约翰·D·洛克菲勒，一位资深的管理者，因为他所持有的经济实力，被看作是一名有成就的领导者。但是，如果一名领导者只注重构建权力或者管理财富，他或她将永远无法建立一条为其他人所仿效的新路。

创新领导力是要启发思维，打开你的组织探索的道路。它是要开发出支持创新战略的框架，并且允许人们在他们的道路上作出正确选择。也许最重要的是，创新领导力是要说服人们他们能够做他们认为自己不能做的事情。当人们知道他们在创新中的角色，并在为一个公司的发展而努力，那就没有什么是他们不能完成的。另一方面，当遭遇混乱、个人竞争、政治，或者残酷的规则时，每个人只为自己考虑，创新是每个人最后才想到的事情。

福特的两副面孔

1999 年，当雅克·纳赛尔（Jacques Nasser）从亚历克斯·特罗特曼（Alex Trotman）手中接棒时，福特汽车公司正处于鼎盛时期。它拥有现金和新产品，遍及两百个国家和地区的 37 万名雇员，营业收入 1430 亿美元，创纪录的 66 亿美元利润，以及每股 65 美元的股价。[3]

作为新任首席执行官，纳赛尔有扩张福特的大梦想。虽然公司此前的利润主要来自卡车制造，他不仅希望公司成为世界汽车市场的领导者，他还设想公司成为车辆租赁、汽车修理和卫星广播的提供商。换句话说，他设想了一个帝国。因此，他收购了赫兹（Hertz），并购买了捷豹、阿斯顿·马丁、沃尔沃和路虎来组成他新的第一汽车集团（Premier Automotive Group，PAG）皇冠上的宝石。

这项扩张工程是他的孩子。他在伦敦的伯克利广场建立了迷人的区域办公室；在加利福尼亚州艾尔文市建立了壮观的总部，用高科技燃料电池为动力，并为六个公司安排了独立的门厅。单个品牌的客户并不知道 PAG 的存在，但是子品牌显然是规模巨大的。公司招待记者们吃喝，组织豪华的旅行，甚至有印在高档铜版纸上的 PAG 季度杂志。杂志上充满了丽人和他们的车的照片，对于成立的目的在于服务普通人的公司来说，这是形象上的升级。

纳赛尔预测，PAG 将在十年内达到年销量一百万辆，为福特公司提供 80% 的利润。发展空间是无限的，而品牌就是一切。他相信，沃尔沃的年销量将超过 65 万辆，在美国占主导地位；捷豹将开发出 X 车型，在全球达到 80 万辆的年销量。[4] 总的来说，纳赛尔的设想给了世界一个比原有的更加吸引人的版本。

在 PAG 光芒闪耀的同时，纳赛尔还着眼于核心业务。在第一年，他关闭了亏损的工厂，停产了没有产生预期利润的车型，出售亏损的业务，裁减管理人员。他也提出了人力资源方面的政策指令。10% 的工人将收到一个"C"等评级，这将导致被解雇。纳赛尔的理由是需要新员工、新哲学和新技术来确保福特在新经济中的成功。[5] 虽然很多首席执行官，其中最著名的是杰克·韦尔奇，曾经在其他公司使用过这种方法，但是这种改变对于福特公司的员工来说不是那么容易接受的。因此，在 2000 年，当福特的旗舰四轮驱动越野车探索者牵涉到众多翻车事故时，需要挽救这次危机的精神支柱纳赛尔却消失了，他的美好愿景似乎从未实现。当灾难来临的时候，员工们的精神开始动摇了，而福特以质量而闻名的形象也染上了污点。

死亡的两百人最终与费尔斯通越野 AT 款轮胎有关，那是多功能车的常见问题。最后，福特承诺它会替换数百万费尔斯通轮胎（还有费尔斯通替换的 650 万个），税后成本超过 20 亿美元。[6] 但是这实在是太少太晚了。福特披露其近十年来首次出现了连续季度亏损，并且股票价格下跌。

不幸的探索者事件使得福特的命运变得坎坷，也是纳赛尔在 2011 年卸任的部分原因。当比尔·福特取代纳赛尔成为首席执行官时，他宣布他首要的任务就是修复与利益相关者的关系，并且返回到基本的小汽车和卡车业务。他也明确了他的意图在于创新和增长。

这是很重要的一点——意图在领导力和创新中都是强大的力量。当高层的意图是建立一个使每个人都能获益的可持续发展公司时，公司的决策会推进这一意图。当其意图在于权力、击败竞争对手，或者甚至是维持现状，而不是为了客户、公司和利益相关者而提高，决策制定是完全不一样的。

在他接下来的 CEO 任期里，福特致力于打造创新文化，寻找一个能够实行他可持续增长愿景的人是比尔·福特的首要想法。如果说他只从公司运行中学到一件事，那就是创新时常迷失于日复一日的关注，并且很少从内部政治中幸存下来。所以当他物色新的领导者时，他不仅仅是在寻找一个有才能的执行者，他是在寻找一个精神上的伙伴，一个能够将整个公司的文化重新改成和设想为关注创新的人。他找到了波音公司的"第二把交椅"。

艾伦·穆拉利（Alan Mulally）的选择震惊了行业观察家们。从来没有一个不具备任何汽车行业经验的人被推上这么高的位置。但是波音 777 的缔造者拥有福特所需要的，并且他很快就证明了自己的价值。他远早于竞争对手们预感到汽车业会遭遇极端的困难，穆拉利的首要任务就是确保福特公司手上有足够的资金来度过衰退的风暴。他在华尔街抵押了公司的全部资产，包括其蓝色椭圆标志，得到了 235 亿美元。"我对屋子里超过五百名银行家演说，"他回忆道。"为什么他们给我们钱？因为我们有一个计划。"[7]

那个计划包括改变狭隘的、背后中伤的执行文化，包括使公司的决策制定陷于瘫痪的全球各地的各自为营。穆拉利设法联合这些竞争的派别（或者解雇他们），并且建立了一个执行队伍，其成员能够为一个共同的目标而一起工作。福特公司还充分利用其遍布全球的能力，最终开发出受欢迎的嘉年华（Fiesta），和从欧洲销售到美国的新款福克斯（Focus）。

穆拉利为推动公司前进所做的所有事情在任何时候都使人印象深刻，但是在今天看来则近乎不可思议。不像他的两个底特律对手，福特没有宣布破产，也没有将手伸到不良资产救助计划中要救助资金。它作为美国三大汽车制造商中唯一一个仍然独立的实体而屹立。尽管还没有走出衰退，到2010年中期，它发布已获得47亿美元的利润并开始减少债务。[8]

福特和穆拉利是具有远见和决断力的非凡领导者，是真正能够给组织带来不同的活生生的例子。当一个领导者有团队来支持时，这一点尤为准确。福特汽车公司能够立足于获得成功的位置，不仅是因为穆拉利重建了公司，而且这是比尔·福特所展望的公司。董事长比尔·福特对于创新和让福特公司的汽车更加节能充满激情，通过投资一系列技术，包括电气化、生物燃料、燃料电池，还有更节能的燃气发动机，公司正在努力确保未来的增长。通过在其他公司削减预算时增加在创新上的投入，公司保证了其可持续性。这是其未来所在。尽管公司的财务状况尚不明朗，但是它有很大的机会去做好，因为不像十年以前，公司的关注点不在权力——而在于创新。

丰田之道

不可能谈论福特而看不到它的主要竞争对手——丰田。当福特汽车公司正在经历市场和内部危机时，日本汽车制造商丰田正在通过它为中产阶级打造的汽车和在氢燃料上的创新，在全世界赚取大把的财富。看起来该公司不会做错事。丰田显然是报社的宠儿，甚至连比尔·盖茨也赞赏它的管理模式。2007年《纽约时报》上一篇题为"从0到60到世界主宰"的文章十分准确地概括了丰田当时的状况。当公司席卷全球的时候——2003年，它的产量达到了600万辆——它也让自己陷进了巨大的灾难之中。

丰田公司的一大标志是其难以置信的质量。这是公司立足的基础，也是其开展创新的主要领域之一。从概念到经销店到车道，它持续改进和创新其支配市场的方式。但随着增长而来的是新的挑战，这也是丰田陷入困境的地方。为了提升盈利，丰田公司2005—2009年的社长渡边捷昭向工程师们施压，令他们积极削减成本。他们照做了，节约成本政策似乎获得了成功。但就像经常发生的那样，当高层领导者主要对节约资金感兴趣时，质量和创新等其他考虑就被搁置到了一边。[9]

这对于一直以来以高质量及其经营原则而被尊敬的公司、一个在某些方面被冠以最佳创新之名的公司来说尤其悲哀。所谓的"丰田之道",[10]它的信条表现在公司的管理方法和产品系统背后的一系列原则和行为上。丰田之道的核心原则有二：持续改进和尊重他人。第一个原则鼓励建立长期愿景、直面挑战、持续创新以及从源头解决问题。第二条，尊重他人，与作出一切努力来理解彼此有关，承担责任，并且做一切可能的事情来建立互信。它也促进了团队合作、个人和专业成长，并分享最大化个人和团队绩效的机会。这两条原则是创新领导力的核心，但是说和做是两件不同的事——而许多公司这两点都没做到。

当与成本削减措施直接相关的质量问题开始出现时，丰田公司把自己设定的规则放在一边。消费者开始对其汽车的质量提出质疑，因为它们表现得不安全，或者看起来并不漂亮，丰田公司的回应很迟缓。"好像我们在虚拟的世界进行汽车制造一样，我们变得对汽车的弱点和缺陷不敏感，"丰田公司现任 CEO 丰田章男后来说。[11]这种状况的发生据说是因为其报告系统没有将外国买家的报告传达到丰田的领导层，也是因为质量不合格这种想法对公司来说似乎不可能。毕竟，丰田一直是质量领先的。让客户失望不是丰田之道。

然而，灾难降临的预兆是明摆着的。2009 年，仅仅执掌四年的渡边捷昭被丰田章男取代——丰田公司创始人的孙子。丰田章男接管后，他立刻宣布他要让公司"回归原点"。不幸的是，那些原点中似乎不包括创新。正当福特公司明确承诺转变交通运输时，丰田章男已经通过最新的电池技术来省钱，并且它似乎并不特别关心在全电动汽车上领先，尽管其他汽车制造商有意开发这个市场。

丰田章男坚持认为组织或文化上的改变没有必要——它仅仅是将视线移开，而现在又重新转回到之前的状态。就这一点而言，福特要比丰田处理得好。在短暂的接管时间里，比尔·福特采取措施治愈来自内部和外部的损失，并且在更坚实的基础上制定了创新的方针。只有时间会证明，但是丰田仍然可在 30 年前的通用汽车上找到自己：看似明显的市场主导地位而不是文化，削弱了公司并最终导致崩溃。公司能否最终回归原点取决于很多事情，包括再一次通过创新来领先的欲望，以及公司能否最终建立起一种释放员工可观的才能来将公司带到新高度的领导模式。

苹果：杀手级的创新，杀手级的利润

如果有一家公司知道正确的领导者对创新的重要性，那一定是苹果。现在苹果被认为是我们这个时代最具创新力的公司之一，但它并不一直都是。1985年，当史蒂夫·乔布斯被公司辞掉，苹果将CEO的位置交给了约翰·斯卡利（John Sculley），苹果丧失了创新的灵魂。尽管1989年到1991年仍然盈利，但公司开始随着产品失败而蹒跚不前，最著名的是斯卡利曾经指望的、公司花费大量资源开发的个人数字助理先驱"牛顿"（Newton）。当20世纪90年代初资金收紧的时候，发生了一轮广泛的建立帝国的热潮，中层管理人员们努力接管尽可能多的项目来使那些项目存活下来。结果大量轻率的新产品出现在很多不同的市场，从教育到家庭用品，消费者完全糊涂了。[12]

斯卡利在营销方面是奇才，但产品混乱和缺乏技术愿景开始使他走向失败。这些失败，再加上股价下跌，结束了他的任期。斯卡利被迈克尔·斯平德勒（Michael Spindler）取代（1993—1996年），而后者又被吉尔·阿梅里奥（Gil Amelio）取代（1996—1997年）。他们都缺乏扭转公司命运的运气，但阿梅里奥诚实地举起了白旗。阿梅里奥艰难地努力跟上公司生存需要的新技术，他与乔布斯洽谈收购NeXT，这是乔布斯在离开苹果后创立的公司。乔布斯回来了。

虽然有些人认为乔布斯傲慢和独裁，但不可否认，他能从市场折射出的信息看到未来的技术。乔布斯经常因其领导风格而被批评，但他的成就仍然是传奇的典范。自从他回到苹果，他建立了一种基于品牌狂热的文化，激进的客户投入以及创造杀手级利润的杀手级产品。员工们往往说他们害怕他，尽管感觉受到了胁迫，但他们赞同他对于公司现实的远见。毋庸置疑，他最伟大的才能之一是他能向团队表达要实现的想法，并激励他们去实现那些看似不能实现的事情。

乔布斯回归不到一年，苹果开始了传奇般的回归之路。1998年，乔布斯推出了iMac。虽然有很多想法，但只从一个想法做起，他为从iPod到iPad的一代又一代的新产品设定了基调。在其推出后不到三个月，iMac占到了个人电脑市场销售额的7.1%，击败了最畅销的康柏Presario电脑，并

且凭借一个产品取得了斯卡利努力用一打产品做到的成就。[13]

这使公司回到了商业地图，而且苹果自此再也没有回头。乔布斯也是。对他来说，创新不仅仅是激情，也是一项任务，这就是他与众多领导者不同的地方。只处在顶端是不够的，你必须拥有顶端。没有一个坚定的创新领导者来指挥这场表演，你不仅阻碍了自己的未来，也会招来竞争对手的攻击。

从"哦，不！"到"前进，孩之宝！"

世界第二大玩具公司孩之宝，已经经历了领导者的演进，见证了这家公司的环境从乐于维持现状到处于持续创新的前沿的转变。公司成立于1923年，最初只销售纺织品边角料。当美泰公司（Mattel）在1996年向它发起收购时，孩之宝面临了一个最大的挑战。虽然美泰公司失败了，但这起事件发出了一个信号———些事情必须改变。

孩之宝寻求振兴自己，它招进了一个外部顾问，重新安排公司的各个部分，但由于没有一个强大的创新战略来指引，其传统的品牌被忽视了。相反，公司却追逐与《星球大战》和《蝙蝠侠》等电影相关的热门玩具制造许可证。它也遭受了来自内部的竞争，各部门像任性的兄弟姐妹，相互争斗来寻求注意力。

后果在2000年来临，公司收入38亿美元，下滑超过10%，亏损1.446亿美元。为了重新站稳脚跟，孩之宝公司向它的一个老盟友阿尔弗雷德·韦雷基亚（Alfred Verrecchia）求助，后者已经在公司财务和运营部门的职位上工作了长达三十八年。韦雷基亚在2000年被提升为公司总裁，他立即实行了极其重要的变革。其中包括把所有距离总部很远的玩具部门迁至位于美国罗德岛州波塔基特的总部来减少成本；削减12亿美元的长期债务；集中拓展孩之宝的主要品牌，比如"特种部队"、"地产大亨"、"简易烤炉"炉玩具。2003年，他被任命为CEO。他的领导力帮助公司完成了以重振孩之宝的经典玩具和游戏为中心的转身，并使公司在电子玩具上的影响力越来越大。从2003年到韦雷基亚退休的2008年，公司股票价格上升了60%，净收入翻了两倍，销售收入提高了22%。[14]

韦雷基亚成功的关键，就是一个有远见的年轻人在2000年加入了公司。他就是我们之前在第2章介绍的布莱恩·戈德纳，我们讲到他成功地将"变形金刚"从价值 3000 万美元的产品打造成了价值 5 亿美元的核心品牌。因此 CEO 的位子在韦雷基亚退休后传给他并不令人吃惊。戈德纳配得上这份工作，并且做得非常完美。在接下来的几年里，戈德纳实行的战略一直在指引公司持续增长，即使是在经济衰退时期。2010 年，公司不仅给他加薪，而且签订新的合约确保他继续在公司工作。

给领导者的一封信

在近一个世纪的时间里，孩之宝经历了领导层的起起落落，而且通过领导层，它还是有一个美好的未来。虽然并不总是行驶在正轨上，但是它最终找到了它的道路，就像我们谈论过的大多数找到自己的道路的公司一样。福特、苹果和孩之宝的共同点是其最高领导者相信创新，有赢得它的勇气，并有让每一个参与者成功的欲望——不为权力、统治、控制或自我——而为客户和公司。我们开始时说，领导力是粘牢联接点的黏合剂，使公司成为真正的创新公司。没有这种领导力——那么，我们已经看到会发生什么，我们相信你也看到过。

如果你不想创新成为你公司的一部分，如果你不想促进变革，你就不会读这本书。所以现在我们希望你找一个安静的地方，读完本章。关掉你的手机，处于舒适的环境，赶走不断和你的注意力相竞争的干扰。我们想与你分享很特别的东西：那些像你一样工作的人的思想和感情——你的员工。坦率、情感和希望，这些可能是接下来的很长时间里你阅读到的最重要的话。

亲爱的 CEO：

您握着我们命运的钥匙。作为您的员工，我们的未来取决于您，所以我们想分享我们的想法。作为公司的总设计师，您设定一切的基调。如果您基于成本削减或生产力来设计一项业务，我们将把精力集中在已经存在的东西上，努力更便宜、更快、更好地做事，但不会着眼于未来。如果您基于增长和创新来展望一项业务，我们将发挥建设和创造。这就是我们想要的——团结起来创造超出我们任何人能想象的令人振奋的未来。

我们致力于做好工作，既为自己，也为公司。但是，我们需要您的领导力来实现某些伟大的和可持续的东西。我们想要充分展示出来，用我们所有的才能向世界作贡献。虽然最后我们只能通过您提供的标准来衡量我们的成功。如果衡量的是我们被告知的事，那么我们将小心地做那些事情。如果您设定了一个让我们感到兴奋的愿景，并且通过我们把事情做得尽可能更远的能力来衡量我们，我们将尽其所能。

除了愿景和鼓励，我们还需要资源。作为领导者，您控制我们组织里的所有资源。它们可以被用来创造突破性的创新和市场的霸主地位，也可以被微观管理、慢慢减少或未得到充分利用。最终展现出的情景取决于您创造的文化。它将让我们以丰富的思想专注于业务的可能性，或让我们处于恐惧之中。如果是后者，我们将用我们的政治技巧争夺有限的资源，展开永无休止的内部竞争游戏。虽然我们擅长于此，但这不是我们想要的。

我们想成为这样一种公司的一部分——鼓励我们超越想象力的限制。我们想为您感到骄傲，感到成为这家公司的一部分是种荣幸。我们想相信这家公司能做到的，不只是为了我们自己，而是为了世界。请以伟大的水准来要求我们。公司的成长需要我们所有人，尤其是您，成为勇敢的探险家。没有探索，就没有发现；没有发现，就没有创新。这意味着不害怕失败。我们愿意尽可能挑战自我，承认我们的确有时会失败。当我们这样做的时候，我们想感到自豪，因为我们抓住了一个机会，我们学习并从我们的错误中成长。在我们冒险时，您的理解和欣赏，将确保我们继续付出我们所有，并且不会因为害怕报复而逃走。

当员工们看到您或您团队中的某人放弃一位冒险的同事，它将使我们中很少有人会尝试拓展我们的边界。我们相信您见过这种退化，或感受过它的刺痛。它造成的持续恐惧让每个人不能独立思考。当它发生的时候，您必须指导或让我们去做一些具体的事情。即使您有能量，但您不能希望指挥和评价成千上万人的工作。

我们想要的和需要的是一个安全的环境，我们可以在其中冒偶尔失败的风险和畅所欲言，帮助公司实现其目标，而不是恫吓。在这个环境里，我们将有激情和责任去使我们公司非凡，而不只是一般甚至平庸。

如果您牢记掌握您自己的力量，您有这力量使它发生。控制您的力量，并明智地使用这种力量是您最大的责任之一。看看公司内部的人，看他们是在授权下行事还是只告诉您您想听的。如果是后者，您需要更好地利用您的力量来实现您的目标。多元化思维对营造创新和成长的环境是至关重要的，您肯定不想失去这种优势！

我们想要对您创造的愿景感到兴奋，我们希望您用一种与我们相联系的方法来与我们分享它。我们想知道我们在其中的角色。如果我们得不到信息，因为我们在压力之下仅仅是完成数字上的标准而不是有所成就，那么我们都将失败。我们理解削减成本和提升效率有很大的压力。我们同意运营效率不能被忽视，但在我们的组织中有管理必要程序来"把事情做对"的人。这些人不能做的是提供决定"正确的事情是什么"的领导力。这是您唯一的责任。

通过提供必要的资金和可见性来显示创新是一项首要任务，让员工们看到您所说的话不是虚言。行动胜于言语。如果您承担通过创新和成长推动公司前进，我们也会。我们将团结在一起——或者至少我们应该这样。

过去，我们许多人被花费在防止创新倒退而不是推动它向前的大量时间而困扰。我们为那些有很大潜力成为创新领导者的人而工作，然而他们不能商业化地利用他们的承诺。我们不想这些发生在您身上。创造一种其核心为成功创新的文化将带来巨大回报。我们相信与您一起，我们可以打造一个团结一致、着眼于在市场上取胜而不仅仅在内部取胜的世界级组织。

最后一件事：我们所知道的最受尊敬的领袖，都扮演着仆人般谦逊的角色。作为一名服务于人的CEO，您可以授权您的员工去做伟大的事情。相信您所做的；相信能够做到什么；保持开放、激情，为实现鼓舞人心的愿景而努力。您不是孤独的，但您是唯一能使它发生的人。

诚挚地，
您的员工

第 6 章

创新领导者的肖像

魔镜，墙上的魔镜

优秀的领导者有信心
怀揣远大的梦想，
并且有能力在别人的帮助下
实现这些梦想
——戴尔·莫里森，美康食品公司首席执行官

你知道降落伞、直升飞机、飞机、《最后的晚餐》、第一辆坦克、拱形桥、《蒙娜丽莎》有什么共同之处吗？这里有一条线索。它们大约都来自十五世纪、有学者称之为现代的开始——并且它们都出自同一个人之手。他被公认为文艺复兴时期最杰出的人，也是一位伟大的创新者。

莱昂纳多·达·芬奇是一位罕见的集艺术家、科学家、发明家于一身的人——他的才能展现于草图、绘画和注解——数千种想法和观察在几个世纪后变成了现实。他几乎着迷于一切，传说他为了研究飞行曾给一只蜥蜴系上了一对自制的翅膀并把它从房顶投了出去。

显然他是一位天才，但是激起我们浓厚兴趣的并不是他做了什么，而是他如何做到这些的。他兼有科学与艺术两种思维，他运用内心全部的力量来应对任何他寻求解决的挑战。这种分析型/创造型或者全脑思维是达·芬奇出众才华的重要组成部分。将这些与远见、勇气和坚韧等特征相结合，

你的眼前就会浮现出当今一名非凡创新领导者的肖像。

在本章，我们将看看是什么将传奇般的领袖与有能力的商业首领区分开来，从四个关键因素来考察：（1）能力和特征；（2）从属关系和团队建设；（3）全脑思维；（4）可持续性。当我们构思这一肖像的时候，想想你所钦佩的最优秀的公司和领导者，他们与上面展现的画面有什么不同呢。看看你能否找到领导者在他们培育的创新中留下了什么印记。强大的领导者会一直在脑海里塑造公司的形象。当领导者的愿景是培育创新时，领导者便化作艺术家，公司化作画布，两者走到一起，创作一幅非凡的杰作。但是在你创造这幅杰作之前，你首先要在脑海里勾勒出它的形象。

艺术家的调色盘——能力和个性

每一位艺术家都需要运用工具来实现脑海里设想的画面。对于创新领导者来说，这些工具具有特定的个性与功能，使领导者更加自然和有效地做好他们的工作。为了理解你的潜力，你需要知道自己作为领导者的角色及其如何影响你的创新效力。一旦你认识到自己在哪些方面最有优势以及你在哪些方面需要支持，你就可以确保你的团队有效地加强了你的长处并弥补了短处。

当然，表6-1所列并不是全部，但你具备的关键个性越多，你就有更高的机会去获得成功。你仍然需要注意一件事情，它并没有出现在列表里，那就是高调。很多领导者的地位就像摇滚歌星一样，如杰克·韦尔奇、比尔·盖茨和史蒂夫·乔布斯。然而，我们发现有很多其他领导者同样拥有这些关键特点，并且将他们的公司低调地运行在一条真正的创新道路上。例如，掌管必能宝公司的默里·马丁。

马丁身为公司的总裁兼首席执行官，他对公司及其通过创新来实现可持续增长负有全部的战略和运营责任。在他的领导下，必能宝公司在邮政行业创造了变革性的重大技术创新，包括多项应用在印刷、运输、加密技术和金融服务等方面的有效专利。

自从马丁在2004年9月被任命为首席运营官以及在他作为总裁兼首席执行官的任期里，必能宝公司一直保持实施一项生产力项目以提高公司进

表 6-1 关键领导力个性

关键领导力个性	创新中的角色
自信	你满意你的外表并且不怕受到伤害。在前进过程中，你不需要亲自找到全部的答案。
直觉、创造力、远见	你有能力在明天到来之前就设想出一片天地。你的直觉能够告诉你前进的道路。
启发性	你很好奇，会提出启发性的问题。你一直用最与时俱进的全面知识来匹配你的团队。
善于聆听	你有一种如海绵一样吸收信息的能力。你能听懂人们所说话语背后的真正意思。
真诚和信任	你坚持一切透明化并且避免隐藏的事项。你保持公司环境不被恐惧和政治所干扰。每个人都知道你关注真实的工作，知道你的为人如你所说，而且你言行一致。
勇敢	你愿意给未来投一个大赌注。你不会为了保护过去而牺牲前进的机会。你坚持不懈而有决心；"从失败直到成功"是你的座右铭。
培育他人	你创造一个环境，关注积极面并支持员工的发展。
志在共赢	虽然高度竞争，但你不会孤立于自己的领域。你拥抱多样化思维并鼓励每个人的投入。
强大的价值观	你充满激情，你相信你所做的事情要足够强大和引人注目才能为他人所接受。你的愿景应该使团队致力于长期的成功。
坚韧	你能保持镇定，甚至在事情不顺利时候。你不会放弃；你适应各种情况并始终关注最终目标。
高度紧迫感	你深知速度在创新中的重要性。你不怕行动，你也会让他人与你保持同样的轨道。你知道你必须同时在脑中思考多项任务。
方法务实和有纪律	你知道何时控制，何时放松。你将所有点联接起来，使事情齐头并进。
谦虚	你将骄傲抛开，在错误时勇于承认。

入市场的能力、降低其成本结构和改善盈利能力。公司通过收购战略提高了收益，使公司进入了与邮政业务邻接的市场，包括软件、邮递服务、营销服务等，并且在国际上扩张。

这对于一家数次重塑自身，以在不断万化的技术曲线中保持前列的公司来说是不容易的。在过去的九十年里，必能宝公司开发了第一台盖戳机，被美国邮政系统所认证（本质上看，这是创造了一种新的货币形式）；首台支持二维条形码邮政付款方式的邮政设备；首个嵌入式称重和计量系统。所有这些发明都是围绕邮件来开发的，特别是用于信封。

"在我们公司历史的大多数时间里，我们将精力集中在那些与信封有关的产品上。这是一项非常有价值的事业，"马丁说道。"地址、邮资、回信地址、密封、插入折好的信件——所有与这些有关的事情都是我们所感兴趣的。这是驱使我们前进的动力。我们观察并且思考，处理这些信封会有多少回报呢？我们需要做什么去得到每一分钱呢？

"但是今天，我们知道我们必须看到产品之外的东西。随着社会与技术的演进，我们面对的事情会在接下来的十年中有显著的改变。我们已经知道，我们的创新将会从对产品的关注转移到对信息解决方案的关注。我们展望的下一次变革性创新是监控交付过程，而不是每一封实物邮件的货币价值。这就是我们的发展方向，但是我努力培养我的员工还有我自己的是一种能力，一种预测未来并且能够设想其形式的能力。跟随一种没有边界的前景——过去、现在或者未来——我们才能够用思考去创造明天。如果你关注的仅仅是持续改进而没有注意去创新，不久你就会认识到，当前的成功根本保证不了企业的未来。"

绘制蓝图

马丁具备创新领导者最重要的能力之一：以一种令人信服的方式激励和传达愿景的能力。换句话说，伟大的领导者也要成为伟大的传播者。他们不仅在公司内部激励鼓舞，在公司外部同样如此。这种能力对成功至关重要，如果你能够让你的员工看到你所看到的未来，并且相信他们的能力可以到达那里，那么你在实现愿景的过程中就做得很棒了。

当比拉尔抵达菲多利公司时，罗杰·恩里科（Roger Enrico）已经上任了。但是当恩里科开始领导公司业务时，鹰牌薯片（Eagle）正在蚕食菲多利！乐事薯片的市场份额迅速下降，恩里科明白不得不作出改变了。所以，他将愿景、战略和执行计划安排给了一个有能力的团队。接下来，最重要的一点，他以一种将注意力集中于关键优先事项的方式来沟通他的愿景，并在最大程度上激发组织的活力。

为了做到这些，恩里科利用他相当大的才能——以一种战术的、日常的方式去分享他的愿景的能力。员工们说他总是用简短的、非常容易记住的短语来分享战略。他会向每位员工讲解与他们个人有关的日常责任，完全不像是下指令。例如，在从鹰牌薯片手中赢回乐事的市场份额的战役中，他引用道，"让我们夺回街道。"对于销售人员来讲，这句话的意思是，"让我们确保我们的商店恰当地销售且价格有竞争力。"对于营销人员来说，它的意思是，"我需要建立品牌的力量，驱使每一个消费者去购买乐事的产品。"对于创新领导者来说，"夺回街道"的意思是他们要确保乐事产品的味道和包装是如此吸引人，以至于消费者们流连忘返再也离不开它。一旦恩里科激活公司里每一位员工的心灵和智慧时，市场份额便会如他们期望的那样增长起来。今天，鹰牌薯片已经不复存在了。这家公司从商业圈消失了。

这是一件简单的事情："夺回街道。"但它让整个公司充满能量并成为其DNA的一部分。每一个人都知道成功不可能只靠一个人的力量；而是需要每一个的努力。他们也深知，只有一条通往最大成功的道路，那就是合作。作为公司的领导者，如果你能让你的员工达到这种团结，你的公司将实现之前似乎不可能完成的目标。

团队的力量

恩里科可能是这个世界上最强大的传播者，但是如果他没有一个充满能量的团队和他一起工作，他虽然可能夺回一两个街区，但他不可能收回整个王国。不管你像恩里科一样是一名首席执行官，还是在矩阵组织结构中领导，团队的力量即是你的领导力的真实力量——特别是如果你在寻求创新和增长。这一点鲜明地展现于我们与巴宝莉公司（Burberry）首席执行官安吉拉·阿伦茨（Angela Ahrendts）的对话中。

如阿伦茨所说，她与公司首席创意总监克里斯托弗·贝利曾一起工作于唐娜·凯伦国际公司（Donna Karan International），并且在这里成就了很多惊人之举。几年之后，带着已经帮助一位杰出首席执行官使公司充满动力地前进的经验，贝利转到了巴宝莉公司。当巴宝莉公司寻找首席执行官的继任者时，贝利推荐了阿伦茨。虽然流程由董事会及那时的首席执行官罗斯·玛丽·布拉沃（Rose Marie Bravo）执行，阿伦茨感到她好像是被贝利雇用一样。他们谈论如果是他们来运作时装秀，他们将怎么做。从对话中可以看出他们都憧憬着这个梦。回忆起他们在唐娜·凯伦的时光，他们都提醒对方曾经一起梦想过要如何创造公司的未来。这个想法激起了阿伦茨的幻想。时下就有一个机会和贝利还有其他人一起，创造一种能够用到每一位同事的技能和能力的创新驱动的环境。这个想法如此吸引人，所以她带着她的家人移居到了伦敦。

我们在这本书里所回顾的每一件成功的创新案例，都与领导者和团队成员的努力密不可分。戴尔·莫里森（Dale Morrison）的美康食品公司（McCain Foods）有一个 CEO 创新委员会，由直接向他报告的人组成，包括世界各地分公司的负责人、创新负责人以及首席供应链官。这个小组引导美康把注意力集中于"更少、更大和更好的"的想法。

当莫里森上任首席执行官的时候，交到他手上的是一家通过紧跟需求已经成功了五十年的公司。然后事情发生了改变，就像我们中的许多人所做的那样。不是仅仅满足需求，公司现在需要主动去创造需求。这就需要创新，需要一个知道做些什么来创新的领导者。

"我想，很多界定成功创新的因素也是界定一名优秀领导者的因素，"莫里森说道。"打个比方说，领导力就是那个'秘密调料'。优秀的 CEO 们有信心怀揣远大的梦想，并且有能力在别人的帮助下实现这些梦想。为了实现这些，你必须了解你的客户以及公司运营所在的外部环境，并能够绘制不同未来的蓝图。这也意味着确保你有合适的团队，能够执行、管理成本、迅速将创新带到市场和实现商业结果。

"现在，我们正投资大量的时间、精力和资源来培养组织的各级领导者。这就是我们的持续成功和增长不依赖于任何一个人的原因。"我们不可能说得比他更好了。莫里森简洁地指出了每一位领导者应该具备的关键能力和特点，不管他们的公司是什么类型或者规模。莫里森最大化自己的能力并激励其他人也这样去做的技能，使公司 13% 的增长来自于创新。

作为一名领导者，你需要建立一个组织架构，它能够适应你的团队、与创新文化和你公司的架构相匹配。要评估组织内团队的健康程度，回答下面的问题。一定要尽可能诚实地评估并站在旁观者的角度，以确保你所相信的情况确实是真实情况。你准备好了吗？你拥有哪种团队支持呢？

1. 你公司里的每个人都明白公司的愿景和战略吗？
2. 在设定创新优先事项和分配关键资源的时候，你团队中的每一个人都视你为最终的决策制定者吗？
3. 团队成员可以知道他们的行动的原因和后果吗？
4. 他们的贡献与公司的顶线增长直接相关吗？
5. 你会庆祝成功并从失败中学习吗？
6. 你的团队是否有多样化的思考？
7. 你的组织有多么灵活和敏捷？
8. 你的团队可以公开、没有顾虑地探讨和辩论问题吗？
9. 团队成员会支持彼此的积极行动吗？

当你有这些问题的答案时，对于你和你的团队准备得如何，你将得到更好的认识。不仅是创造一种创新文化，而且要将创新推动到实现的道路上。

扩大你的圈子——关系网络

当今世界前进的步伐永不停止，充满要做的事情以及有限的资源。仅仅保持团队的能量和走近你必须与之交谈的人已经是一项挑战，所以在其基础上前进是很难想象的。但是，最高效的领导者能做到。他们在自己的企业之外建立一个关系网络，甚至在他们的行业之外，因为他们对外面的世界充满好奇。他们想预知圈子之内和之外的世界发生着什么。他们想知道这条路上可以得到什么以及存在怎样的机会。他们也思考哪些公司可以成为合作者，哪些公司又会是最大的威胁。

这些问题应该成为每一位领导者思考过程的一部分，特别是如果你是公司 CEO 的话。思考这些可以帮助你走出自己的世界和整体扩大自己的思维，从不同国家的人、不同行业、对立的团队、政府或学术等交叉领域的角度来看待你的企业。这样做不仅提供了你确定自己没有盲目运行的信息，而且可以激励你为你的公司、部门，或者产品线界定一个无法想象的未来。当你走进不同的关系时，你永远不知道这条道路会通往何方。对于这一点，我们喜欢拿来说明的例子有亨利·福特和托马斯·爱迪生。

福特还是一个年轻小伙的时候，他在其父亲位于密歇根州迪尔伯恩的农场工作，后来他带着崇敬跟随托马斯·爱迪生的事业。所以，当他 15 岁的时候，他离开农场搬去了底特律，看起来他接受一份在爱迪生照明公司的工作才是自然的。他最开始是一名机械师，接着他很快靠自己的能力成为了总工程师。

随着故事的发展，有一年，福特的老板亚历克斯·道（Alex Dow）让福特跟着他去某家公司在纽约曼哈顿海滩上赞助举办的大会。在开放晚宴中成为全场瞩目的嘉宾正是爱迪生。道知道福特非常崇拜爱迪生，便指着福特对爱迪生说，"这是一位制造出天然气汽车的年轻人。"在晚宴中，爱迪生问了福特很多问题，在结束的时候，爱迪生再次强调他对福特的敬佩，并重重地将拳头敲在桌子上。他说："年轻人，这就对了，你拥有这个才能！你的汽车是自给自足的，并且自己携带发电设备！"

几年之后，福特在一次报纸采访中，回忆起第一次见面时的画面，"那个敲在桌子上的拳头对我来说是非常宝贵的肯定。在那之前没有人给过我任何鼓励。我曾经一直期待我的方向是正确的。有时候我知道我是的，有时候却抱着怀疑，但在那一刻，我豁然开朗，世界上最伟大的发明天才对我完全肯定。世界上最熟悉电力的人曾说过，我的天然气汽车比任何电车都更好。"[1]

福特从没有忘记那些鼓励的话语以及它们给予的信心，让他设想一个普通人买得起汽车的未来。当福特成为富有的工业家时，他加入了爱迪生的很多技术和科技项目，他们俩成为了一生的挚交好友。在以后的时间里，他们的关系网包括约翰·伯勒斯（John Burroughs）、植物育种家卢瑟·伯班克（Luther Burbank）、哈维·费尔斯通（Harvey Firestone）和总统沃伦·哈丁（Warren G. Harding）。[2] 谁知道未来在群体的碰撞中会变成什么样子呢——

但是你可以肯定会有所改变。

为了帮助你了解你关系网络的宽度和深度，以及你将团队和企业的边界拓展了多远，请回答下面的问题。如果你只能回答一部分，很可能说明你的视野不够宽广，不能完全实现你组织未来的全部潜力。

1. 你有外部合作伙伴来协助当前或未来的战略业务需求吗（如技术或者产品开发）？
2. 你知道你所在的行业里而不是你的公司里有最有才能的人吗？
3. 你会定期与客户建立个人关系吗？那么供应商呢？或者华尔街？
4. 你找到方法与公司内部和外部的各级领导者合作了吗？他们包括你的竞争对手吗？
5. 你理解在世界各地与政府和监管机构建立联系的必要性吗？你已经在多少个国家建立了那样的联系？

在你回答这些问题时，你可能会怀疑你怎么可能仅凭自己建立这么多的联系。这不可能在一夜间发生，很可能这些联系来自你团队的其他人，而你只需要偶尔互动一下来保持。这就行了。

这里的关键点就是要通过保持广阔的互动来不断学习和成长，并运用每一位员工去发现和洞察今天、明天或未来的机遇和障碍。要找到一种方法，由你自己负责建立这些联系的进展。因为这并不简单，而且时间也有限，关闭与你需要向其报告进展的人的反馈回路很重要。这可能是一位董事会成员、一位团队成员，或者外部的顾问，经其许可才能由你负责。你压根不会知道从这些关系中冒出的一条不经意的评论或一个鼓舞人心的想法会变得多么重要。可能那里的某人就是你的托马斯·爱迪生。没有这些广泛的联系去保持在游戏的顶端，你可能在你的树林中仅仅看到一棵棵的树。这是一种遗憾，因为正如我们学过的，看到——或者更准确地说是想象——整片树林和一棵棵树是创新领导者最重要的技能之一。

一个诸葛亮胜过三个臭皮匠

科学家很早以前就知道，人类的大脑包括两个部分：左脑，以语言的、有组织的和分析的方式思考；右脑则是创造性的、非语言的，或以想象为基础。在我们的生活中，控制我们日常活动的那一边大脑铸就我们的个性和决定我们的性格。在很长时间里，人们相信左脑主导还是右脑主导是先天性的。但事实上，这更多的是后天的训练。

实验证明，大多数孩子在入学之前有很高的创造性（右脑）。但是由于我们的教育系统更多的是训练孩子左脑的技能，如数学、科学和语言，而不是绘画或者运用想象的技能，这些同样的孩子在七岁的时候只有10%有很高的创造性。到他们成年的时候，只有2%的人还具有高水平的创造力。[3]

想想吧。创新的核心是要创造出一些独特的东西，而我们被训练去关闭大脑中创造的那一部分。一旦我们进入公司的世界，左脑更被看重。流程、指标、规则、经济和结果全部都是左脑区域。环境将人们放进同样的隔间，使人们循规蹈矩，阻止各种类型空间和仪表上的个人表达，这些都是左脑的事情。这就是我们的奖励，所以我们就得到了：秩序、可预测的结果、可简化为数字的结果——简而言之，就是控制。同样的秩序和循规蹈矩也是社会所看重的，所以甚至在我们溜出工作时这些都很难逃避。难怪真正的创新和真正的创新领导者如此难以出现。

但是如果这些变得不同呢？如果我们给左脑放一个小假而让右脑进行一些活动，会发生什么呢？又或者更好的做法，像莱昂纳多·达·芬奇一样，我们运用全部大脑去工作？我们又会成就什么？

当我们回顾我们的职业生涯和我们采访过的人时，我们发觉有一些最成功的领导者，不管他们是否意识到，他们都能够跨越左脑和右脑，结合它们的分析和创造功能，带来非凡的创新。

思考这种全脑取向，利用两边的大脑来创造创新流。有时候左脑占主导，有时候则是右脑来操控，但是总体来讲，你在思维和决策时能够同时运用两边的大脑，创造出的创新流确保你从两边大脑收获最好的结果。当然，这取决于你在进行哪种类型的创新，不可避免地决定你更多地依靠左脑还是右脑。如下页的图所示，运营创新和市场创新倾向于左脑取向，而变革性创新则要求强大的右脑取向。品类创新跨越左右脑。这四种类型的创新都能从全脑思维及其创造的创新流中获益。

拿迈克尔·戴尔来说。在第1章，我们就说到了这位年轻有为的人，

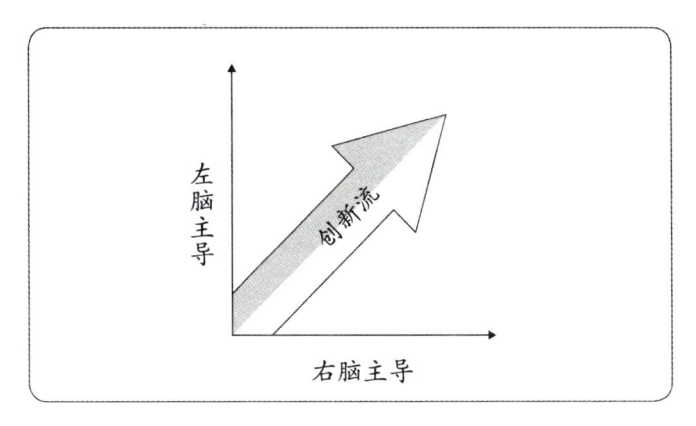

图 6-1　品类创新 / 运营创新 / 市场创新

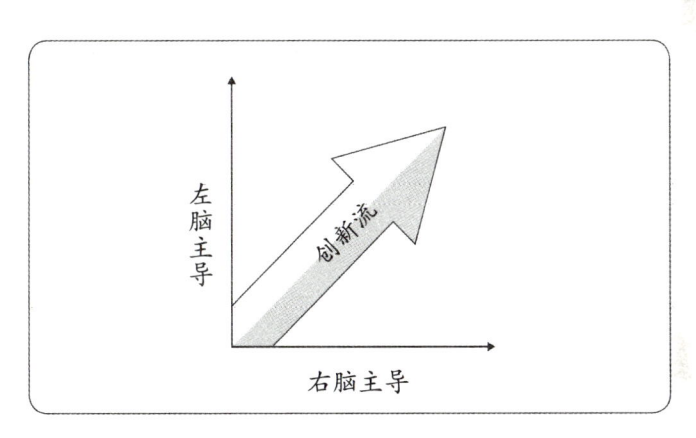

图 6-2　变革性创新

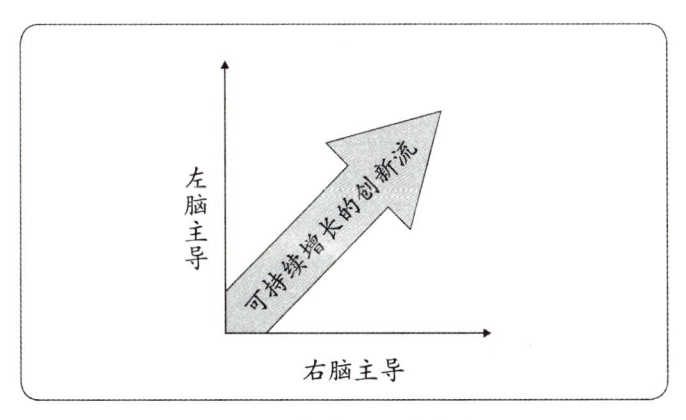

图 6-3　可持续增长的全脑创新

他通过将其左脑的组织技能与右脑设想的愿景结合起来，战胜了 IBM 的个人电脑业务。不幸的是，像亨利·福特一样，戴尔陷于左脑主导的世界，没有注意到苹果和惠普等公司用色彩和透明外壳来吸引消费者的关注。今天，戴尔重新又开始参与创新，开发了戴尔 Streak 系列产品，这是一种介于智能手机和 iPad 之间的产品。这个新产品将迎来所谓的平板战争，但重点是公司正重返创新游戏，并且不仅仅是通过左脑的领导力和关注价格来竞争。

从一侧大脑转移到另一侧的能力即是可以带来持续创新的全脑思维。你可以从我们谈论过的很多创新者中看到这一点，如史蒂夫·乔布斯，他能将消费者欲求与技术之间的点结合起来——这是一种决定性的全脑功能。

表 6-2　全脑创新领导力的特点——运用两侧大脑，你可以吗？

左脑特点	右脑特点
逻辑性	情绪化
细节取向	"蓝图"取向
事实判定	想象判定
偏好词语和语言	偏好标志和图像
聚焦于现在和过去	聚焦于现在和未来
适用于数学与科学	适用于哲学与宗教
能够理解	能够"懂得"（意义）
基于知识	基于信念
分析	概念
擅长秩序和模式	擅长空间认知
能够定义已经创造的事物	能够创造新功能或方法
基于现实	基于幻想
能够制定战略	能够展现可能性
实际型	冲动型
安全	愿意冒险

A. G. 雷夫利以一种不同的方式灵活地跨越半脑，他能够将大战略和愿景与运营能力结合起来。施乐公司前总裁安妮·马尔卡希（Anne Mulcahy）、任天堂公司的岩田聪（Satoru Iwata）和联邦快递的弗雷德·史密斯（Fred Smith）——他们都具备这种类型的能力。虽然这些领导者中的每一位在管理风格上有很大不同，在过去的十年里，每个人都创新他们的公司以实现了财务稳定和增长。他们的共同点是：他们都是全脑创新者，这一点应该是可以确信的。

如果你想要成为一名伟大的领导者，你需要突破半脑思维。还记得研究说创造力是从孩子培养起来的吗？这说明可以通过训练得到创造力。如果你想进一步探索这个想法，有一些关于这个主题的著作可以参考。恢复跨脑功能的要点是首先你必须脱离你大脑中占主导的那一侧，让平常受到压制的那一侧参与进来。看看下面的描述，你认为自己属于哪一侧。两侧并无好坏之分，我们就是我们自己。重点是要认识到你的思维模式，这样你就可以努力运用另一侧大脑了。

左侧的大脑控制语言能力、注意细节以及推理。左脑主导的人善于沟通和劝说他人。如果你是左脑主导的话，很可能你擅长数学和逻辑思考。你的桌子整理得相当整洁，你的每一天安排得很好，清单会让你高兴。有些人还说左脑主导者喜欢狗胜过猫，喜欢阅读胜过音乐，喜欢宁静的乡村胜过嘈杂的城市，喜欢逻辑思维胜过直觉判断。

右侧大脑全都是关于创造力和灵活性的。大胆和直觉，右脑主导的人会以自己独特的方式看待世界。如果你是右脑主导，你很可能在创作与艺术方面有才能。你的右脑更喜欢白日梦、哲学和体育。你在说话的时候会运用手势；冒险对你来说不仅没问题，而且也是乐趣。一些右脑主导的人在躺着的时候会想到最好的主意，或者如果不可能的话，在起来走动的时候。在一个静态空间长时间坐在椅子上会让他们抓狂的。

如果你发现自己两侧大脑都使用，你很可能已经踏上了成为全脑思考者的路上，这也是我们想要变成的那样。要想达到那儿，你需要练习你大脑中让你感到最不舒适的一部分。换句话说，右脑主导者需要练习他们的左脑，反之亦然。这可以如同改变某些日常行为习惯一样简单，像是用左手梳头发或者捡东西（如果你是左撇子则是用右手）。如果你是左脑主导，试着在飞机上或者汽车上闭上你的双眼，然后让你的感官去听声音、闻气味和感受周围的环境；想象你"看见"了什么。当你有问题的时候，想象出解决的办法。

身体上的训练对放松左脑也是有帮助的。散散步，玩一些常规的游戏，例如高尔夫球或者壁球、跳舞、锻炼、投球、剪纸以及尝试将废纸当2分球投入纸篓内。无论哪种方法能够让你放下负担，让你释放心情，或者让你放松，都是对大脑的交叉训练。

如果你是右脑主导者，你需要在生活中加入一些结构性事物去促进你使用左脑。除了改变用哪一只手做事，还要试着列清单，比如在一天的开始列出需要做的事情，而在一天结束的时候完成了哪些事情。玩一些文字游戏或者纵横填字谜，这些都是非常左脑性的活动。在会议中记笔记，给行动编号，或者标记重点。在飞机上，不要闭上眼睛和遐想；睁着眼睛，并思考事情的细节。右脑主导的人倾向于成为全局思考者，所以训练你的大脑去领会细节，这样将会帮助你使用全部大脑来思考。

一旦你知道了你的主导思维风格，你将更好地理解你会以什么样的方式看待世界，如何处理问题、作决策以及交流。卓越的领导者了解他们自己、他们的优势和劣势以及他们的能力和局限，甚至对于思维风格也是如此。转化为这种思维风格还会帮助你理解你的员工——对他们来说什么是自然的，什么能够激励他们，如何激发他们的投入。知道你是什么思维风格以及你的员工倾向于什么风格是将两侧半脑整合为全脑思维的起点。

作为一名领导者，为了全脑创新而交叉训练你的大脑，并且鼓励别人做同样的事情可以成为你最宝贵的资产之一。你大脑的左侧和右侧参与得越多，你和你的公司会有更宽广的创新范围。你不仅可以通过这种方式设想更多的可能性，你也可以使创新从一个层面跨越到另一个层面，维持更长久的时间。你将成为一名艺术家，而不仅仅是画匠。

领导力的可持续性——平衡生活之美

我们已经探讨了很多关于需要什么来成为一名非凡的创新领导者。现在我们来谈谈如何建立一种能够支撑这些能力的生活。虽然许多领导者具备我们之前谈论的能力和特点，他们也有一些影响他们的弱点。不管我们是否愿意承认这一点，当我们不为自己充电，我们的表现就会受到损害。自柏拉图时代以来，我们就知道人类在四个层面上活动：身体、智力、情感和精神。[4]在四个层面保持平衡，可以让你达到最佳表现。你怎样做到这些取决于你生活中的"养料"。

雅诗兰黛公司的总裁兼首席执行官法布里奇奥·弗雷达，就被尊崇为强有力的创新领导者。他对待他的工作非常认真严肃，但是他也知道工作外的时间对他成为一名成功的领导者很重要。弗雷达对于自己平衡生活的承诺非常虔诚，并且设置优先事项去实行。"我首先考虑的总是我的家人，"他说道。"我不会让我的工作遮蔽他们。当我在家的时候，我确保我有很多时间奉献给他们。在我工作时，我认为有一个非常重要的任务之一就是战略性思考，所以我会安排有规律的休息时间来保证清晰的头脑，也会每天最少花费25分钟的时间处于战略模式。

类似地，保健创新者胡玛娜公司的董事长、总裁兼首席执行官迈克·麦卡利斯特（Mike McCallister），他会运用周末来帮助自己恢复活力，让大脑离开工作周的商业焦点暂时休息一下。他发现，在休息和重新休整之后，他的思维变得更加清晰，能够更加投入工作当中。

我们都需要找到适合自己的方法来平衡生活，并确保周围的事情能够让我们高兴和充满能量。对于一些人来说，这可能是打高尔夫球；对于其他人来说，这可能是徒步旅行、钓鱼、音乐或者烹饪。快乐阅读或者锻炼也会让你的体能和精神恢复，也可以去做志愿者花些时间与朋友在一起、野营，或者做些浪漫的事情或者让心灵静修。无论带给你平衡生活的是什么，要确保这些事情是你能够坚持定期去做的。保持活力、激情，在事业中处于最佳状态对于驱动创新是极其重要的。

当我们在工作中投入太多时间的时候，我们生活中的其他部分就停滞了，这不仅仅只是掠夺了我们身体上的、情感上的和精神上的能量，这也使我们的生活经验陷于狭窄，而这些经验会帮助我们成为我们想努力做到的全局掌控者、全脑思考者。虽然我们经常说创新是最高领导层的职责，负责并不意味着你必须一个人单独行动。事实上，无论你处于领导链的什么位置，其他人的支持会帮助你生存和成长。毕竟，你所参照的平衡生活会反映在你的组织里。作为领导者，我们都有责任既照顾好自己，而且提高团队成员的机会和福利。这不仅仅是一种负责任的做法，也是一种聪明的做法。

在下一章，我们会深入探讨四个层面的创新所必需的特定领导能力。在学习了解你自己、你的团队需要什么以及你的团队需要谁的过程中，你无疑会找出哪种类型的创新最适合你个人的领导力风格。当你一层层揭开创新的面纱时，你将更接近你所制定的创造持续增长的目标。

第 7 章

领导力特质

合适的东西

> 为了在公司每天的运营需求与
> 创新议程之间达成平衡,
> 你必须了解人们两面之不同
> 犹如黑夜和白天一样。
> ——迈克·麦卡利斯特

杰克·韦尔奇在他一本名为《赢》(Winning)的书中写到,为日用品企业挑选一名领导者的时候,他选择了强迫型的"班主任",但是当他为创新和风险并存的公司挑选一名 CEO 的时候,他选择了"讨厌螺母和螺栓"但是拥有"勇气和远见制定大赌局"的人。了解这些类型的人有哪些显著区别和怎样使用一个人的天赋,是韦尔奇最重要的技能之一。通过将不同人的特质与每一项职能和业务匹配起来,他建立了高绩效的团队。

对于创新来说,发展相同层面的技能应该是每一位领导者的首要任务。那些最高效的公司有一套综合方法,四个层面的创新在其中不断轮番上演。基于这一原因,不仅要了解哪个层面的创新适于每一部门和职能,而且还要知道哪种特质可以最有效地实现该创新,这一点非常重要。最适合领导公司达成一项改变行业的突破的人,很少与能够将其聪明地推出市场的那个人是同一个人。每一项工作都要求不同的才能、不同的特质,以及不同的领导力风格来最大化其潜力。

对于一项工作来说，拥有合适的领导力特质和提供合适的环境对于领导者的成功同等重要。想想吧。你不会驾驶一级方程式赛车去探索崎岖的澳洲内陆，你也不会将悍马放到 Indy 500 汽车大赛的赛道上。在合适的环境中它们都会有很好的表现，但是如果没了它们身处的要素，那么结果就是惨痛的。

在上一章，我们看到了顶级创新执行官的一般能力和个性。在本章，我们要继续揭开面纱，考察与四种类型的创新相关的领导力特质。为了帮助你完美地匹配，我们构建了与每一个层面的创新对应的特质。这些不仅定义了个人特征和人格特质，而且它们也显示了什么会激励领导者，每一种类型的创新需要什么样的文化，或者更重要的是，公司需要提供什么来帮助他们成功。

这些特质并不意味着将人区分开来或贴上标签，也不意味着这是帮助你识别合适性和能力的指南。当我们讨论不同的特质时，想想你周遭的人。他们适合他们被要求去做的工作吗？又或者你呢？随着你阅读和反思，你可能想到你所经历的创新领导者的其他个人特征，是某个类别的创新所要具备的。如果是这样的话，在合适的创新层面记录下来，以备以后参考。重要的是，要开始看到人们的创新潜力以及公司的人才深度和广度。当你将合适的人放在合适的职位上，整个公司聚焦于创新，这一组合会像魔法一样起作用。

四种类型的领导力

如果你曾惊讶于为什么有些人一进入一个新项目或一个新职务，就能够立即接管，好像他们一直在那里一样，而其他人看起来很难感到舒适，这很可能是一种适应问题。当一个有才能的人在做一项工作的时候，在智力上知道做什么与在直觉上感觉要做什么有巨大的差别。当项目或工作自然而来，创造力会更容易流动，在思考做什么上花费的精力就越少。

感觉适合所从事的工作，与所处的文化滋养你的创新禀性而不是阻碍它一样重要。例如，运营创新涉及的那些人可能觉得足够安全去提出会取消他们的职位的建议，知道公司会为他们找到新的职位；但是，这很容易形成人人为自己的局面。一名品类创新者是否有足够的信任和自由去作出投资决策，而无需奔走无数的部门，或者他或她每一次都受到质疑吗？

理解在每一种创新文化中什么能够激励、激活和促进员工是创造一种成长环境的核心。平心而论，只有很少的公司能够做好。大多数文化都是一种"放之四海而皆准"的模式。它们没有意识到，创新本质上不同于公司的日常运作，因此，需要不同的考虑和多样化的特质类型。就像我们不能用一种颜色的线去编织美丽的挂毯一样，我们也不能只用一种类型的领导者去创造一个创新组织。所以，让我们认识我们的编织大师吧。

变革型领导者

在剖析变革性创新时，其中心成员是一个人——最多两到三人——在找到所寻求的解决方案之前，他或她不能够停歇。变革型领导者的核心能力在于高度创新性，并有能力以一种很少人具备的方式去看待事物。不用怀疑，变革型领导者有一种独有的特征，与变革性创新本身一样稀少。

带给这些领导者动力的是可能性——越多越好。他们常常热切、执著、坚定和富有远见，他们从来不畏惧失败或他人所认为的挫折。相反，他们坚定地从错误或失败中吸取教训，正如他们执著于成功，因为这些教训正是引导他们通往成功的路标。

打造能够塑造我们的未来的创新让这些领导者感到兴奋。这是他们的奖赏。他们并不期望成为人们注目的焦点，也不是需要建立商业帝国，他们也不为巨大的财富前景所激励。他们想要改变世界。他们最喜欢的也最擅长的就是创造，不仅仅是产品，而且是创造可能性。创新已经深深地融入他们的血液之中。

迪安·卡门（Dean Kamen）是再好不过的例子，他是美国德卡研究开发公司（DEKA Research & Development Corporation）的创始人和首席执行官。卡门是一名自学成才的物理学家、千万富翁和企业家，他的财富绝大部分来源于投资他认为应该存活的事物，而不是市场调研显示出可以存活的事物。他通过规律性和单一的目的做到这些，这使他和另一位变革型领导者托马斯·爱迪生一样伟大。卡门好奇、坚定和重视改变人们的生活，他在

表 7-1 变革型领导者

个人特征	主要动机	理想文化	组织需要提供什么
有能力成为改变游戏的人，跳出常规去思考，看到别人看不到的方面	事业重于自己 不受约束的好奇心 发现和发明的可能性	授权的氛围 专注于发现 失败的自由 信任取向	脱离总部保持创造性的空间 没有公司阻碍，授权员工去关注、探索和发现 根据阶段成果来衡量成功，而不是传统的底线指标 立足长远
有主见而且十分独立，不怕在走向成功的途中失败			
具有技术上的洞察力和直觉			
不关心政治，做事情不愿意投机取巧			
了解要处理的事情			
决心要成功			
对于他/她认为可能的事情有坚定热情			

其中找到了动力和回报，他常常追求他人永远不会尝试的事业。

2005年，美国国防部高级研究计划署（DARPA）的主管托尼·特瑟（Tony Tether）和义肢革新计划的负责人杰弗里·林上校（Geoffrey Ling）找到卡门，说目前已有1600名失去单臂或双臂的年轻士兵回国。他们请求卡门制造一种重量小于9磅的义臂，使用者可以用它拿起一粒葡萄来吃，而不将它挤碎。[1] 卡门说他那时认为他们是疯了，尽管是出于好意。

当时没有开发新一代义臂的金钱动机。研究和开发的成本是巨大的。除非 DARPA 提供资金，否则不会有私营公司愿意为这样一个相对狭小的市场承担风险（在美国，每年大约6000人需要义臂）。尽管有诸多不承接这个项目的原因，卡门还是花了几周时间走访全国各地的病人、医生和研究人员，以期对当时的技术有一个大体了解。他对当时义腿与义臂之间存在的差距感到震惊。他说："义腿的研发处于21世纪，而义臂的发展水平却仍在石器时代。"

这个现象是引人注目的，但卡门最不需要的就是另一个使命。他那时正忙于便携电源和为发展中国家净化水源的项目。他相信该项目可以使世界上的疾病减少50%。即使已经忙得不可开交，他还是无法对义臂之事置之不理。他回忆道："我父母过去常叫我'人肉永动机'，他们说如果我决定做一件事，那么没什么能阻止我，除非我自己停下来。因此从这一点来说，我无法停止。"于是，他和一支由20名工程师组成的团队打算革新自美国内战以来就几乎没有变过的义臂。

在卡门的德卡研究开发公司工业综合大楼的二层，一块650平方米的空间被辟出来，用于研发绰号为"卢克臂"的义臂，它是以星球大战中卢克·天行者（Luke Skywalker）的高仿真手臂命名的。为了启发灵感，他在这层的入口处放置了一个与真人大小、失去了左臂的终结者塑像，戴着与测试DEKA手臂时病人使用的同样系带。"我要求我所有的员工不受限制地去看待事物，敢想象不可能之物，"卡门如是说。他的不设限思考哲学是他和他的团队取得的巨大成功的一部分——他们以任何人无法想象的速度成就了一项又一项变革性创新。

卢克臂的首个雏形在DARPA初次拜访后15个月发布，被认为非常有前景和希望。但征途远未结束。当花费高昂的研发阶段推进至临床试验时，他们希望有某家公司愿意接手卢克臂，想办法使之投入可盈利的制造。虽然热衷于变革性创新，但是卡门对将产品投放市场并无兴趣，这也是为什么你不会想让他领导一个全球性公司的原因。就算他真的接受这种工作（当然他不会），那些政策、责任和架构方面的事务也会把他逼疯。他自称是一个对错误没耐心、有强迫症倾向、固执、不可理喻和高要求的人，不是董事会感兴趣的类型。但如果让他为你开发一个产品，他会不眠不休地工作。他说他不会停止工作，直到世界上的每个人都能饮用到干净的水。而且，他说到做到。

他的另一份热情是一个即使对他而言也略显牵强的想法：将工程师和发明家转变为流行文化巨星。卡门在运营一个名为"对科学、技术的灵感和认知"的非营利组织（For Inspiration and Recognition of Science and Technology，简称FIRST），该组织鼓励年轻人以科学家、工程师和大思想家为事业。很多人在探讨培养年轻人走进这些事业，但对卡门来说，这更是一项神圣的运动。他真心认为他可以改变社会的优先顺序，使之重视发明者，就像人们现在重视运动员那样。卡门说："我们的文化歌颂各类名人，特别是体育明星。很多青少年幻想能够成为 NBA 巨星，赚取成百上千万的财富，但这哪怕是对于他们中 1% 的人而言也并不现实。可是，成为一名科学家或工程师却是现实可行的。"现在，FIRST 已经迈入了它的第二十一个年头，有超过 3500 家公司参与其中。这些公司中的一部分像卡门一样明白变革性创新的重要性，并承诺在一个特殊环境中培育它。

有一些公司被认为是"发现中心"，比如通用电气、宝洁和 IBM，它们建立起了一种宝贵的文化，防止新兴想法囿于创新的低风险衡量标准而被埋没。如果没有这层保护，很多突破都会胎死腹中。实际上，通用电气的杰弗里·伊梅尔特直接与创新型领导者一起工作，确保他们不会像其他业务部门那样陷入季度预期的泥沼。

马克·利特尔（Mark Little）是通用电气的高级副总裁及研究中心总监，他解释道："我们知道我们的人员需要一个不被官僚制度限制的环境。这里的人员是能够发现新型能源、治愈癌症或者发现诊断疾病的新方法并前瞻性地对其治疗的人。他们不仅需要保持好奇心的空间，也需要探索的自由。"为了给予他们这样的空间，通用电气的研究中心远离嘈杂喧闹又限制诸多的办公地点。"流程扼杀创新，"通用电气的高级副总裁和首席营销官贝丝·康斯托克（Beth Comstock）如是说。"在通用电气，我们有很多流程，尽管这对于一个如此大型的公司是必要的，但过多的流程便会扼杀创新。我们永远不可能像 DEKA 那样灵活和非结构化，但我们会努力让孵化创新成为我们 DNA 的一部分，对公司内部和我们的创新伙伴都是如此。这是我们保护了不起的创意在获得喘息机会之前不被破坏的方法。"

简而言之，有呼吸的空间和将奇思妙想付诸实践的独立自主权，是变革型特质的本质，也是滋养它的文化的精髓。

品类型领导者

不同于更加独立的变革型领导者，品类型领导者是建设者。他们善于创造增长机会，这些机会不只是为了公司，也面向个人。他们眼界开阔，可以在由互联网那样的变革性创新形成的地图上看到闪光点，建立起原本

表 7-2 品类型领导者

个人特征	主要动机	理想文化	组织需要提供什么
富于创新性、创造性，善于发现趋势和模式 具备商业头脑 出色的影响力技巧 果断且愿意承担谨慎风险 能够利用人际关系和资源网络 行动派，常对政治缺乏耐心	获取商业成功 建立/创造增长机会 培育人才 与公司内外的所有共事者共赢	专注于市场 洞察力指引目的地 专注于交付和为胜利而参与 与跨职能团队协作 授权的氛围 有主人翁精神	关注成长 投资优先次序保持一贯性 为了在大局上获胜，允许失败 市场取向的愿景 奖励创造价值

不存在的完整产业体系。而且，这样的领导者有在任何人察觉之前就发现机会的能力。

这些人也重视知识和先进的思想，并能在他们选定的行业里，将两者用于创造新理念。他们"知其所知"，很少改变自己的想法，除非他们看到了改变能带来的价值。他们喜爱争执和辩论，视之为学习/成长的锻炼，因为它有助于他们认清事物的两面性，并决定什么才是最好的或正确的。

品类型领导者的特质常与董事、首席执行官以及其他领导者有良好的关联性，这不仅是因为他们在影响他人方面具有不可思议的能力，也因为相对于个人成就而言，他们更关注商业成就。最好的品类型领导者还注重团队合作，能够从帮助他人成长与发展中获得愉悦。

他们喜欢在大局上达到人人共赢。这是他们的动力和衡量自我成就的标准。他们常被视为具有企业家精神，能从容面对风险。

虽然他们在给予其像企业所有者那样的自由去行事时最高效，但是他们在一个组织里成长，是因为那里给予他们机会和资源，去创造一些令人难忘的事物。无论是建立一种新业务还是组建一支精良团队，这一特征都是品类型领导者的核心特质。因此，这样的领导者倾向于在合作环境中工作是有道理的，这让他们能和不同职能领域的人员良好协作。然而，他们中意于团队精神，并不意味着他们羞于作出决策。相反，这是一种具有高水平自信、承担风险能力的"主教练"式特质。这种人有一种真正的天赋，能将各环节有力、准确地联结，因此，他/她并不适合为了获准拨款而费尽心机。如果他们得到信任去做正确的事和作正确的决策，那么真正的品类型领导者会做对公司来说最好的事情。

这里的底线是所有权、自信，以及相信如果你在乎公司的话，公司也会照顾你。当比拉尔在卡夫食品工作时，他亲眼见证了此类领导力的力量。但卡夫食品并非一开始就如此运作。

他回忆道："在20世纪90年代初，公司的奶酪部门在通过生产线制造新产品方面遇到了困难，同时又在为提升市场占有率和增加收入而挣扎。有时候，虽然我们有了对路产品，但各部门间却相互脱节。它们各忙各的，没有协调性，所以我们永远无法在市场中走强。"

这纯粹是一个企业文化问题。在卡夫公司的运作中，职能壁垒取代了跨职能团队合作。当业务在产量上胜出时，市场份额和利润流失了；而当业务赢得利润时，产量和市场份额又无法跟上。需要出现的是"赌马三连胜"式的表现，或者说是在产量、利润和市场份额三方面都有非凡的成果。"我们有很好的品类型领导者，"比拉尔说。"但是公司文化却没有为他们提供有力的支持。当公司赋予品类团队主人翁精神去主动运作他们的业务时，这种状况扭转了。"

一旦有了损益问责制和全跨职能团队，卡夫公司就能够为每一品类设置短期和长期计划。公司及其团队的成功成为了品类型领导者的主要动机。现在，每一个团队都要对其品类的质量和达成上行市场潜力负责。由此产生了一个良好的环境：关注消费者和零售客户以及以增长为驱动。"看到切实的增长带给人强烈的满足感，"比拉尔说。他参与的两个品类团队都因为产量、市场份额和利润上的三连胜，不止一次荣获梦寐以求的主席奖。

除了商业成果外，团队间也学会了相互依靠和信任，利用彼此的优势，弥补不足之处。比拉尔像其他职能部门的领导者一样，学会了跳出自己的专业领域，带着主人翁精神去思考。一定程度的关怀也在团队成员之间形成，并在很多情况下一直延续到了今天。这个跨职能团队挖掘出了品类型特质和文化的力量——洞察力、主人翁精神与合作意识。

市场型领导者

品类型领导者可能被认为是主教练，而市场型领导者则被描述为四分卫——那个执行者。市场型领导者的世界是充满竞争和让人兴奋的，而且相较于他或她在变革性创新或品类创新领域的对手，他们更注重当下。如果你在拓展产品线，复兴品牌，或是找寻独特的方式去进入市场或了解客户、消费者和竞争对手，那么市场型领导者就是你所需要的人。这也是我们开始建设更多部门时需要的人。市场型领导者在了解游戏计划及其在其中所扮演的角色时表现得最出色。

正如他们的职责适合解读市场一样，他们能与市场类型自然地协调。他们就像是心情戒指，对他人的感受、心情和态度非常敏感。通常，他们能与他人进行良好互动，轻松地表达自我。市场型领导者热爱与他人分享想法，使复杂局面变得清晰明朗；他们常常充满热情，并能够自然而然地适应变局。另外，得益于他们的沟通技能和阅人能力，他们还是熟练的谈判者。无论给予什么任务，高效的关键都是运用他们沟通、阐释和激励他人的能力。

我们在第5章谈到了孩之宝公司，它寻求从一个以产品为导向的企业转变为拥有多条产品线的品牌聚焦型公司，包括Nerf玩具枪。最初，该类产品定位为一种新型泡沫玩具。人们喜欢它，但在相同的概念重复了几十年后，包括简在内的绝大多数人都认为它是一个过气的老品牌了。直到简12岁的儿子和他的朋友们开始吵嚷着要买Nerf的各种新款玩具枪。为什么一个旧玩具突然又开始吸引人了？答案就是市场创新和一名领导者。这名领导者懂得如何创造将新创意转变为新产品的环境。

产品需要翻新以获重生。这种类型的创新就是为了给生活带来新的迭代和找到别出心裁的方式进入市场。孩之宝公司的总裁兼首席执行官布莱恩·戈德纳决定鼓励和激发他的团队。他首先设立了一些明确的阶段性目标，首要任务就是重燃消费者的热情。通过与消费者交谈，他们了解到Nerf玩具对消费者的真正吸引力在于孩子们可以在家中进行户外游戏，而母亲

表 7-3　市场型领导者

个人特征	主要动机	理想文化	组织需要提供什么
偏好边界和架构	良性竞争	有明确的业务战略和执行计划	遵守商业计划
项目管理能力强	上级的认可	乐观进取的氛围	跨职能协作
流程取向和注重衡量标准	销售人员和消费者满意	矩阵驱动	适当的资源
出色的人际技巧	与他人的联系和互动，从与人相处中获得能量	架构清晰，分工明确	激励成功和庆祝成就
从功能和收益的角度思考		关注财务状况	注重保持品类成长
有政治头脑，善于激励他人		快速决策，执行力强	

们不需要为这些玩具会打破台灯或家中的摆设而担心。男孩子们可以用 Nerf 玩具剑打仗，不会有人因此而受伤。有了这种从营销上获得的洞察力，设计团队能够在现有技术水平上使收益翻倍。这种技术和营销上的交互是市场创新的一个标志。Nerf 团队实现了从玩具制造商的思维定式向游戏提供者根本转变，影响了全新一代的孩子们。而且，公司还超前完成了计划——使这个具有一定成熟度的品类的价值从 3000 万美元增长至 4 亿美元。

这不是戈德纳在市场层面上的第一次本垒打。在成为孩之宝的首席执行官之前，他曾是孩之宝的竞争对手——万代株式会社美国公司的首席运营官。在那里，他的创造力、营销策略和创新风格为万代公司催生了大量新产品和盈利性的合作关系。戈德纳的成就包括：使万代的"超级战队"系列产品的销售额提升了 15% 和万代"悠米格"悠悠球的漂亮出击——在其上市第一年就占据了市场上超过 55% 的美元份额。[2] 这些成功帮助他进一步完善了自己的创新风格。事实上，市场是对一个人最好的锤炼，也是未来的产品型领导者进行自我证明的最佳场所。在合适的文化中，一个专注于执行和管理预期的人有很大的成长空间。在这里，人们领会到最后期限、预算以及与同事共荣的意义。营造市场创新的文化应该尊重内外部优先权的不断冲突，因此，认可市场型领导者的成就就显得格外重要。打造恰当

表7-4 运营型领导者

个人特征	主要动机	理想文化	组织需要提供什么
关注成本（生产力为王） 有组织性，轻松看待秩序和流程 细节取向 规避风险 不喜欢大变动 思考问题黑白分明，对灰色地带感到不适	从混乱中创造秩序（最大的乐趣） 实现可衡量的目标 同事和上级对其贡献的认可 群体意识	善待"实干家" 承诺员工培训和发展 设立明确要求，注重计划执行 从效率和效用两方面思考一切事务 明确角色；设立目标与标准，并以之评估目标的实现程度	定位和投资于最佳做法 认可群体、个人和团队的成就 注重继续教育与发展 强化运营准则

的市场创新文化是一个非常有益的命题。

运营型领导者

在所有的领导者中，运营型领导者是团队中的完美主义者。他们智慧、敏感和正确。他们关注细节，认真谨慎，做事有条理。他们喜欢提前拟定计划，依靠事实和逻辑。他们通常不喜欢自发行动和粗心大意，而且他们常常对于任何他们认为非理性的想法无法容忍。

他们喜欢在团体中与人共事。但对他们而言，与其说这是社交需要，不如说是他们持续学习的途径。当处于合适的环境中，运用规章制度和财务因素进行事务整合和解决棘手问题，对于这类人来说是一种特别的乐趣。

在工作关系中，他们无法放弃对正确的追求，除非他们正与他人一起，为了解决一个复杂的问题而奋斗。这些领导者们与那些懂得欣赏他们的敏锐头脑和理解他们需要独处时间的人共事时最为开心。同事和上级对他们成绩的认可就是对他们最好的褒奖。一个掌管公司的运营型领导者在看到公司处于高效运转和巅峰状态时，会感到获得了回报。根据一家公司的生命周期，运营型领导者就像是医生的处方，特别是当他或她周围有恰当的创新领导组合时。

因为成本为王、生产力在运营创新中占主导地位，企业文化需要处理好明确的目标和建立衡量标准以评估取得的成就。这样的环境对于培养高度可靠和"遵循规则"的人是非常需要的。黑白分明的价值观在运营团队里占支配地位，而群体意识则对强化他们的这种价值观非常重要。

质量和生产力也是运营文化的主要组成部分，而且由于其对标准的高度关注，人们需要知道如何定义成功。比如，如果你将削减成本作为衡量成功的标准，那么这将立刻成为一种文化驱动力——而不是创新。实际上，如果需要的是削减成本的话，那么创新看起来就太冒险了，因为运营文化的另一个标志就是对显著水平的安全性和可预测性的需求。当提及创新时，变革型领导者会问："为什么不呢？"而运营型领导者会问："为什么？"对于他们而言，任何行动都需要有意义。可重复性和可预测结果的价值在运营文化中是重要属性，而当这两者成为推动力，运营型人才的行动力是无限的。

比拉尔在菲多利公司的时候，他曾与一些出色的运营创新领导者一起工作，他们让他认识到这种类型的创新可以多么有价值。这些领导者围绕着为胜利而参与和以最低成本产出最高质量的产品这两点，建立起了他们的文化。他们在他们的工厂间建立了良性竞争，完成了大多数人认为无法完成的目标。他们通过发展出以一种新的、快速采纳的心态来分享核心能力的方式，赢得了每一个人的心。

从文化角度讲，当他们创造和采用了一个无争议流程时，他们是做了一件相当有创新性的事情。"无争议"的意思是，任何一种已在某间工厂得到验证的经验，都会被其他工厂无条件地采用，除非他们能够提出一个更好的创意。这种方式迅速在工厂间建立起了融洽关系和对共赢的关注，取代了之前滋长出了非胜即负的竞争的"非原创不采用"心态。

在很多情况下，得到证明的新经验能够加强工厂间的联合。各团队以他们当时的工作为代价，对这些行动表示了实际的支持，因为他们知道公司与他们之间存在相互承诺。如果他们为公司做了正确的事，他们知道公司也会为他们做正确的事。

这种文化为他们提供了必要的安全感，使他们相信菲多利公司有可能因为他们的独特能力赋予他们全新的角色。在那里，他们的技能可以派上用场。这就是健康的运营创新文化的力量。它可以用三个词来定义：效率、效用和团队合作。

神奇的组合

让恰当的人做恰当的工作很重要，与之同等重要的是，要有足够多这样的人。在第一部分，我们一直在谈论不断参与多层面创新的必要性。如果想要取得持续增长，你不能只依靠其中之一。合理的做法是，你需要在每一个创新领域安排一个领导者。但是，就像没有人生来就适合当CEO一样，也没有哪一种设定好的领导组合能够确保创新的成功。重要的是覆盖所有的领域来确保创新的多层面流动。要做到这一点，一个领导者需要找到团队支持之间的特有平衡，这种平衡能够补充和完善他或她的优势，并切合公司的生命周期。当人们在天时地利人和的条件下工作时，这种组合会产生一种魔力，就像巴宝莉在与首席执行官安吉拉·阿伦茨和首席创意官克里斯托弗·贝利一起工作时发现的那种魔力一样。

当我们在上一章介绍这种动态二重奏时，我们提到他们经常在一起谈论如果是他们来运作时装秀，他们会怎么做。他们有宏大的梦想，而当给予他们机会去实现那些梦想的时候，结果简直是令人叹为观止的。

众所周知，时装周是一场名流精英的冒险。在那里，私人时装秀被提供给最重要的买家、客户和媒体观看。而世界上的其他人则需要为了看到接下来的潮流趋势而耐心等待。尽管如此，阿伦茨和贝利想要通过一种独特的方式改变这种情况。贝利提议上演一场网络直播的全球时装秀。这是史无前例且令业界艳羡的。而且，它的实现需要阿伦茨的组织天才和贝利的变革眼光共同作用。

使用多种技术的结合，他们以普通2D形式将时装秀实况呈现给网络观众，同时以接近真实的3D形式在巴黎、纽约、迪拜、东京和洛杉矶的五个私人地点放映。贝利解释道："3D技术将全球观众带到了伦敦的秀场，使他们能够看到色彩和衣物纤维，能够听到音乐，并能够在一切最终汇聚时成为那个时刻的一分子。"

除了"身临其境"，世界各地的买家们还第一次拥有了点击购买的机会。

他们看到自己中意的款式时，就可以通过点击一个按钮，使订单自动发送到生产商那里，在几周之内就可以收到货物。这一创意的商业成功是不可否认的。再加上其他措施的作用，巴宝莉团队为公司创造了创纪录的利润。[3]

阿伦茨和贝利拥有的是每个公司都渴望的——一个能够让创新像一台润滑良好的机器那样运行的梦之队。但打造这样的团队不是一朝一夕能完成的。建立这样一支团队需要努力、关注和对其所做之事临危不乱的信念。

A. G. 雷夫利整个职业生涯都在宝洁公司的层级中往上移动。他花了很多年的时间来思考如何让公司在更注重速度和灵活性而不是规模的21世纪不与世界脱节。他的愿景是把内部关注型文化转为一种将以消费者为中心的创新视为最高指导原则的文化。

对于一家拥有162年历史的公司来说，这是一个大胆的设想。但雷夫利坚信，这不仅是可能的，而且对于公司的生存来说至关重要。不过，在他开始行动之前，他有几个问题需要处理。

20世纪90年代对于老牌企业集团来说不是一个好时代。竞争让它们风雨飘摇。在十五年的时间里，速易洁（Swiffer）除尘掸是公司唯一的重要创新，股东们都很不高兴。1999年，董事会向资深的宝洁人德克·雅格（Durk Jager）寻求解决之道，任命他为公司的首席执行官，让他肩负公司运转的任务。

雅格固执己见又傲慢，他决心要废除宝洁保守孤立的文化，并对其进行由下而上的重建。但他的方法非但没能推动公司发展，还导致了雇员的疏离，并使股价跌至谷底。那简直是一场灾难。不到十七个月，很明显雅格不是这份工作的合适人选。2000年6月6日，在辛辛那提，董事会发生了一场前所未有的变革。雅格出局了。A. G. 雷夫利上位。[4]

虽然雷夫利没有从根本上反对雅格的愿景，但他认识到事情进行得过快了。这是一间一直以来都对变革、特别是雅格的那种铁腕变革持反对态度的公司。雅格没有花费时间和精力仔细研究各种不同类型的业务，了解它们在创新图景中的位置，以及什么才能提供最好的综合战略。相反，他试图苛求新产品接连不断地出现。他对人事的处理也没有好到哪儿去。他没有在挑选团队的领导者时三思而后行。他没深思谁能带来不同，然后信任他们，放手让他们去工作。他只是要求立竿见影的结果。改变是必要的，公司需要变得不那么保守，并采取一些更为大胆的举措。但是灌输恐惧和期待用严酷的方法来取得成功是一个巨大的失算。

雷夫利深知这一点，因此他的首要任务就是重振士气和结束内部混乱。他决定让事情简化，让员工回到他们最熟悉的事情——公司的各大最强品牌。哪怕只是一时地让员工们从创造"明日之星"的压力中解放，他们就能够专心于通过包装、营销和产品线延伸来进行市场创新。

雷夫利一开始就是"客户至上"的拥护者，他相信婴儿护理用品——公司内仅次于洗涤用品的最大部门——已经具备了成熟的创新条件，但是缺少能够吸引消费者的领导者。正如他所说，"机械工和工人是操作的人……机械才是老板。"雷夫利采取了一个大胆的举措：他在几十个有资历的人里，选择了德布·亨莱塔（Deb Henretta）做负责人。亨莱塔出身于洗涤用品部门，对婴儿护理用品没有任何经验，而且她也不关心机械如何运转。对她来说，第一时间了解消费者的需求、然后让机械为她工作才是重要的。雷夫利确信亨莱塔是最胜任这个工作的人，但是他的决定却并不受欢迎。事实上，他不得不退一步，允许团队成员为他们喜欢的候选者提供理由。他认真地考虑了他们的选择，但最后他还是相信自己作了正确的决定。随后，他解释了自己这样做的理由。虽然还是有些人不高兴，但阻力被瓦解了。[5]

雷夫利在他的任期里，一直使用这种方法来为他的团队选择更适合而不是更有资历的人，以保证在每一层级都有强有力的领导者。他保留了宝洁众所周知的内部晋升政策，但是特别提出要淘汰表现不佳者。2001年，他启动了著名的"人才组合"计划——一本蓝皮书，里面包含宝洁未来的领导者的名字。每个人都从财务和领导能力两方面来评估，并和他们同等级别的人进行对比。书里还包含各种名单：接下来准备提拔的人、哪些人在当前任务后可以晋升、哪些人还需要时间准备。在任何时候，任一重要职位都至少有三个合适的人员能够继任，使创造创新文化所需的协同领导更为容易。

为了让他的员工有更多可为之工作的好点子，雷夫利还直接挑战了宝洁长久以来一切产品必须自主研发的观念。他要求员工从公司外部引进一半新产品。这意味着需要购买，或者在必要时支持公司外部创新的孵化。这还意味着要在公司关系网络的支持下联系宝洁的前雇员们。随着对前雇员丰富经验的挖掘，通过与他们合作，宝洁的外部业务发展计划在创新解决方案上走出了一条林荫大道。雷夫利也建立了一个人才济济的创新中心，旨在识别变革性产品的创意和机会以重塑业务。在雷夫利时代，最令人惊奇的创新当属清洁先生 (Mr. Clean) 汽车清洗专营店，它旗下的主打品牌清洁产品也从此诞生。2007 年，公司启动了两个试营业点。而今，它已成为美国最大的汽车清洗专营品牌。[6]

当雷夫利接管公司的时候，他的目标是带领宝洁进入新世纪和解放其超过十万雇员的思想。毫不过分地说，这正是他所做的。通过将曾经刻板的公司转变为创新基地、执行大胆的交易、任人唯贤和加强对客户的绝对关注，宝洁的销售额翻了一番，利润翻了两番，而市场价值则增加了超过一千亿美元。[7] 尽管雷夫利取得了显著的成功，但他说宝洁从保守向创新的变革完成了还不到 10%。他相信以传统的方式建立一种创新文化，即使有最好的领导力，一家大企业至少需要花费一代人的时间。时间会告诉我们他是否是对的。

2009 年，他把公司交给了下一代。如今，在他精心挑选的罗伯特·麦克唐纳（Robert McDonald）的带领下，公司将经历不同的领导力风格，但由于公司今天正面临着更大的成本压力，雷夫利认为这种风格正适合宝洁公司。"我是一个好的经营者，"雷夫利说。"我认为他是一个伟大的经营者。"[8] 可能如此，但可以肯定的是，新任执行官受过任何人都梦寐以求的最佳训练。宝洁可能仍在经历增长阵痛，但雷夫利对发展一个全面领导团队、创造力带到公司外面以及整个世界的关注，给了麦克唐纳一个良好的发展基础。

现在，他的工作是要保持企业文化的发展和演变，他似乎已经准备好去做了。在雷夫利的名言"客户是老板"的基础上，麦克唐纳给他的员工设定了更大的愿景："更深入地接触和改善世界上更多地区更多人的生活。"[9] 当有人说剃须膏生意很难经营时，麦克唐纳给他们讲卫生巾如何帮助非洲撒哈拉以南的女孩接受教育的故事。在他们接触这些女孩之前，学校强令她们一个月休学一周。现在她们不必如此了。目前，像这样开发出来的市场占宝洁公司销售额的 30%，并且是它的战略核心。这是多么神奇啊！十年前宝洁公司还决定向内集中发展，现在却有目的地向外延伸。虽然有些人称此为奇迹，但我们认为它只是在恰当的时候、将恰当的人放在了恰当的位子上。

BREAKING AWAY | 第三部分
回报：激活增长

我们听到的有关激发创新的最简单解释如下：创新是一项团体运动，你单枪匹马绝不会胜利。要实现你努力创新的果实，你必须让你的公司（运动员）和你的客户（粉丝）与你一样充满激情。否则，你只能待在家里。

尽管创新在企业界越来越成为当务之急，但解决企业文化问题已到了危急时刻。一个又一个调查表明创新的最大障碍是公司本身。这不是缺乏想法、缺乏流程，甚至是领导的决断力；它缺乏的是团队——或者更确切地说，是规则、态度以及环境的思维过程。

在过去的二十年里，企业文化的焦点往往不过是削减成本、外包和工艺精益求精。尽管这些做法本身并没有错，但这些明确的左脑思维只能说明关闭了创新所需要的全脑思维。更重要的是，当基于财务表现的指标占支配地位时，承担风险就被甩到了窗外。没有人愿意以错误收尾。让我们面对现实吧，让事物保持原样比适时改变要舒服得多。但是，如果企业文化是错的，它将会破坏创新战略的最大努力。如果你愿意去修复它，它将给你的公司最大的机会。

我们称为"机会"是因为你的创新成功还是失败的最终评判者仍然是客户。令人惊奇的是，很多公司花了数百万美元发展一个创意之后却在这个时刻失败。它们失败往往是因为时机不成熟、错误的洞察力、缺乏灵活性，有时只是纯粹的傲慢。奖励属于那些能够启发、激励和激活客户的人，让客户不仅跟随公司，而且成为公司最忠诚的粉丝。正如有很多办法可以凝聚你的团队，同样有行之有效的方法来吸引客户的眼睛，给你的创新提供被采用的最佳机会。

在本书的最后几章，我们将解决两个至关重要的问题——激活你的公司和你的客户，以收获创新真正的回报（可持续增长）。首先，我们将谈谈态度、尊重以及如何创造一种环境，其中的人员了解他们在创新中的角色并想成为它的一个组成部分。

在激活市场那一章，我们将阐述客户参与的基本步骤以及出色的行动和不幸的事故的例子。我们都会犯错，但我们希望能在花费巨大代价之前从中吸取教训。最后，在最后一章，我们将谈论使创新成为公司DNA一部分的最重要步骤之一，那就是激活你自己。创新需要冠军，但冠军往往不是天生的，而是后天培养的。有了愿望、奉献和克服一切障碍的决心，你也可以成为冠军。

第 8 章

激活员工

我为人人，人人为我

如果你留下我们的建筑物和品牌，
但带走我们的人，
公司将失败
——理查德·德普雷，宝洁公司首席执行官，1947 年[1]

毫无疑问，任何公司拥有的最宝贵资产之一是人。是的，那些难以捉摸，有时令人费解，且常常让人沮丧的那些可能使你成功或是惨淡收场的人。如果听任他们自便，他们有时会作为一个团队来工作，但更多的时候，他们只是在救生船中寻找自己的位置。鉴于当今典型的企业文化，这也不稀奇。在过去的二十年里，就业保障已基本上成为一个都市神话。随着缩小规模、合理精简和经济衰退裁员，人们很少有动力去关心公司的成败，对于创新来说更是如此。然而，当企业文化合适，且人们感觉是公司成功的一部分，创新便会蓬勃发展。

还记得宝洁公司和孩之宝公司的故事吗？两家公司都在过去几年里享受了巨大的成功，原因是他们变革了它们的文化来促进创新。当雷夫利接管宝洁的时候，他让员工进入协作的心态，远离他们以往陷入的坐以待毙式以保护自己领地的模式。他通过创造让员工感觉更安全、比他的前任思想更开放的氛围来实现这些。当布莱恩·戈德纳成为孩之宝公司的首席执行官后，他也让自己的员工以全新水平的热情投入。据他讲，"人们需要了解到，他们能够共同完成离开团队一个人永远无法完成的事情。"

两位领导者为之努力奋斗、并在很大程度上实现的是理想的创新文化。这是一种公司上上下下每一个人都知道她或他在创新图景中的位置以及他们在何处得到了授权、培养和奖励的文化。这是一种不在意你是参与品类创新还是运营创新的文化；你知道你的角色是重要且有价值的。这是一种创新不是目的、而是一种生活方式的文化。

在本章，我们将剖析理想创新文化的结构，并研究其"基本属性"，即每家公司的成功创新都需以之为基础的文化上的必备。当你构建自己的创新模式时，了解你的公司可以做些什么来帮助创新开花，这会为你打下另一层基石。

为了圆满完成，我们将揭开黑暗的一面。它是理想的对立面，这是一个创新杀手们喜欢公司政治、恐惧、控制、目光短浅、模糊沟通、混淆优先事项、脱离进步的地方。它不是一幅美丽的图画，但每一位领导者都需要看到。因为有时候，为了建立新的世界，你不得不推倒旧的世界。

培养创新文化

在过去的二十五年里，我们两个人都在和一些世界上最纯种的公司一起工作。我们也不止一次走遍整个地球，并且接触你能想象到的几乎每一种不同文化。所以，当我们为一家创新组织定义理想文化的时候，我们预计到这是一项挑战。然而，出乎我们意料的是，这相当容易。尽管世界上不同的文化环境中可能有成千上万独有的特征，但健康的创新文化的特征是一致的。无论公司是在美国或墨西哥、意大利或俄罗斯、中国或印度或中东，都没有关系，关键的文化特征保持一样。无论公司是涉足银行、石油化工、医疗保健、技术、时尚或餐饮，这也没有关系，那些真正创新的公司在创造同样的核心文化属性上非常出色。

请注意，我们说的是"出色"。公司不仅要有正确的标签，它在公司发展一种创新文化时经常被采用，而且必须使这些标签绽放出活力。将文化当作花园，把创新当作蔬菜。你便会拥有两个完全相同的花园，那里有相同的土壤、水和阳光。一个看起来很美妙,充满了郁郁葱葱的绿色植物,但这些植物不会结出很多果实。另一个或许看起来不漂亮,但这些蔬菜是得奖者。两者之间的区别在于培养。你不但需要适当的配料,还必须修剪、施肥,并且蔬菜成熟了就尽快采摘,使更多蔬菜可以长出来。我们讲过很多次,我们重视让事情看起来很好的关键创新因素,但缺少的是真正的物质。人们根据他们看到和经历过的、而不是听到的来行动。如果你只说不做,你或许可以炫耀拥有漂亮的花园,但你不会获得创新文化带来的全面丰收。

在我们谈论有关健康的创新文化的核心属性的时候,想想哪些是真实的,不会是说过的话。说实话,如果你是一名领导者,问问自己你如何在你的公司、部门或小组展示和培养这些属性。可以从你公司员工的诚实反馈中测试你在他们心中的印象——而不仅仅是从你的直接下属。假如你能在一种员工感觉轻松愉快、不担心报复的环境中得到坦诚的反馈,这样最好。这或许意味着通过能够保证受访者的匿名性的外部顾问或者运用一种受保护的书面回应来得到反馈信息。如果你拥有一个执行团队,跟踪记录他们告诉你的真相,即使这不是你想听到的,那么把这个团队当作晴雨表也是好的。

如果你乐于听到真相,无论是积极的还是消极的,那么无论说的是什么都将有所帮助。只有你了解并接受现实,你才能改进。一旦你了解你要面对的问题,你就可以采取步骤确保这些核心要素到位。

一个人的力量:你很重要

在最成功的创新文化里,每个人都觉得他们是重要的,并把一些独特的东西带给集体。在那些员工觉得他们只是数字的公司里,你从他们身上得到的很少。不仅如此,假如员工被低估,他们便会转到生存模式。如果你不关心他们,他们别无选择,只有自己照顾自己。

让每一位从公司领薪水的员工,而不只是某几个人,觉得他们是重要的,这是任何好公司都应该做的。尊重个人的企业文化会根据个人优点和实际结果提供一种公平的工作环境,它拥有透明的评估系统,提供了衡量成功的明确标准。如果你不习惯这种工作环境,还期望得到好待遇,这看起来有些不成熟,然而事实并非如此。这种文化在现实世界确实存在。我们发现的一个最好例子是一家意大利汽车制造商,它不只因其高性能的汽车而

著名，还因为它人性化的企业文化。这就是该公司描述你在那里工作所能够期望的：[2]

> 法拉利将个人放在第一位。一个人的表达自由被赋予最高优先权，因为我们相信这是有创造力的、成功的团队协作的关键。（员工）筛选过程细致又明确——正是你从一家依靠对细节的一丝不苟和精雕细琢而成功的公司身上可能期望的。法拉利深知，雇员只有在感到获得授权和赏识时才能取得最佳业绩。法拉利也相信，其汽车的质量与其工厂工作者的生活密切相关。这就是为什么在那里工作的员工的工作环境和福利是最重要的优先事项。

出于这一理念，该公司一直被意大利的大学生评为最想去工作的地方。法拉利的员工常常根据公司对个人、他或她的职业和个人发展以及福利的投入的满意程度给予公司较高的评价。现在问问你自己，你的公司和法拉利相比如何呢？如果不好比较，你希望你的公司怎样？我们在那些最好的环境中观察到的拇指规则表明，你自己想要的就是你应该为周围的人提供的。

团队的力量：团结一致、所向披靡

最强的创新文化表现出惊人的团队精神，它能最大限度地发挥员工的优势，而不是把重点放在他们的劣势。事实上，将焦点集中在成就伟大的事业和共赢，这会促使员工相互帮助。这可以通过无数的方式来实现，既有语言的也有非语言的。

一个充满活力的团队文化拥有饱满的心态，它给员工带来一种成功足够分享给每一个人的安全感。一个人的成功并不是从别人的成果中分一杯羹。这种文化也假定你和你的团队不仅想要做好，而且通过团队协作你能够做好。

人们知道，获胜的最佳机会是发挥每一个人的优势。当他们看到团队协作行动的力量，他们便期望成为团队的一部分。这是我们研究的很多公司成功的一个关键因素，但或许美国强生公司制药集团全球主席和强生公司执行委员会成员谢莉·麦科伊（Sheri McCoy）说得最好，"如果你拥有一个团队，将他们集体的能量凝聚到要实现的目标上，而实现这个目标没有大家的互相支持看起来无法完成，那么他们每个人都会超常发挥。当我在强生公司经营消费品、医疗设备和现在的制药的时候，我在这三种完全不同的情形下亲身体验了这个道理。培养这种团队精神不能一蹴而就，但是一旦完成，公司就会呈现出全新的可能性。"

毫无疑问，创新是一种团队运动。让我们正视它，团队合作将更加有趣，并且能够在市场上获得更高的成功几率。培养注重团队的文化是创新环境制胜法宝的关键部分，并且成功始终是人们想参与其中的事情。

解决方向：授权还是恐惧

尽管在工作中团队很重要，但这并不意味着员工必须齐心协作。在创新文化中，针对问题进行开放的交流和健康的辩论是关键的。重点应在于找到解决问题的方案，而不是避免失败。在期望和奖励帮助彼此找到问题的解决方案的环境里可以找到更多解决方案。亚马逊公司的首席执行官杰夫·贝佐斯设置了一个奖项，他将其授予那些实现了他们的想法的人。这些想法甚至不必发挥作用，只要它们是仔细想出来的。关键标准是奖励只授予那些未经允许而执行他们的想法的员工。贝佐斯有一个文化议程，鼓励员工采取以解决问题为焦点的、创新的措施。他也认识到，如果员工不走出去尝试新鲜事物的话，这种情况会经常出现。[3]

如果容许这样的企业文化，并且授权战胜了恐惧，必将发生深刻的变化。我们拥有的只是我们的时间和精力。现在问题是，我们如何去利用它？如果人们的精力都耗费在恐惧和自我定位上，那么他们能为企业付出的精力就越少。另一方面，如果他们将绝大部分时间和精力花费在思考公司如何才能成功，明白领导者是他们的坚强后盾，其结果将不同凡响。

培养企业文化中这一元素的方法之一是如何用积极的语言去表述挑战。不要这样强调问题，如"究竟发生了什么事情？"，要反过来问，"我们如何把事情做得更好？"当你这样用词时，你就会去思考、发现和规划，而不是否定、批判和来回犹豫。

此外，你还必须有一个流程，让真正的授权在整个公司流动。比如，如果某位一线员工在与客户交流的过程中激发了一个突破性的想法，那么这种想法是如何在组织中过滤的呢？如果这个人将其想法告诉他或她的老板，老板却没有看到优点，这个想法就这样终止了吗？假如真的如此，你会真的促进授权吗？当员工可以在可接受的框架内提出想法和作出决定，他们会觉得更有价值、创造性和活力。在这种心理空间中，最富有想象力的想法把握住了机会，最终变成了创新。授权的环境是充满可能性和新力量的环境。没有授权，你的企业的产出将局限于你个人能够确定和指引的产出。有了授权，你的企业文化的创意和创造力将成倍扩展。

信任、诚实和透明度

授权使员工获得自由，而我们的下一个核心元素将确保他们长久这样保持。当员工和他们信任的人在一起工作时，他们可以把工作做到最好。当我们知道员工在做什么、为什么这么做时通常会信任员工。在企业中，这就叫透明度。

事实上，我们有无数种方式告诉我们周围的那些人我们是谁。员工基于我们发出的非语言线索直接或间接地评价我们的诚实和守信。如果你是一个领导者，这一点尤其如此。这里有一些问题，供你在自己的脑中思考。假设你的团队具有积极的跟踪纪录，明智而负责任，并表现出高度正直。

1. 你是坦率地解决问题还是逃避问题来避免对抗？如果你逃避问题，你就有给那些需要你支持和领导的表现优异者增加额外责任负担的风险。
2. 你会提倡诚实和透明度但是只讲事情的一面吗，假定你的员工永远不会知道其中的差别？如果是这样，你可能永远不知道他们什么时候明白过来，但你会失去他们的尊重。
3. 当事情急转直下时，你在哪里？你做了你说你会做的事情吗，或者你会消失掉，这样员工就找不着你？你会迅速收回你已经承诺的资金吗？你会立即发送电子邮件，使你与问题划清界限，或者责备团队里的其他人吗？那么，猜猜会发生什么？你的员工知道你在做什么，即使他们从来没有叫你承担。逃避责任，你实际上是证明你自己作为一个领导者不值得信任。绕开问题会告诉你的团队很多关于你是否具备正直、勇气和坚定的信息。
4. 你会口头上表示赞同但身体语言让你看起来愤怒或冷漠吗？要知道，如果你所说的话与潜台词不一致，员工每一次都会跟着潜台词走。

如果对于上述任何一种情况，你的回答是肯定的，没准你不是你说的那样。一旦出现不信任，它就会在你的团队中造成一种恐惧感，并形成一种人人为己的文化。更糟糕的是，缺乏透明度让团队成员觉得你认为他们不够聪明去理解这些。

创新需要很多冒险。有些风险很大，有些很小，但是它们无一例外都有风险。在一个言行一致、你可以依靠你的上司和同事的环境里，工作能够最好地完成。诚实待人可以为他们提供成长所需的空间，为企业做正确的事情。在这种环境中，员工才乐意正确地冒险，在市场竞争中胜出。

庆祝从成功和失败中学到的经验教训

在创新的世界里，道路是用几个大成功、一堆小成功以及大量失败铺成的。这就是为什么创新是难以捉摸的奖励。伟大的创新文化与其他文化之间的差别在于员工会庆祝从失败中学到的经验教训，将其当作进步。当托马斯·爱迪生在发明灯泡的过程中失败后（九百次以上试验），他告诉他的团队他们通过消除另外一个他们不必再试验的变量，又接近了可靠的材料一点点。

直到今天，通用电气公司也会为失败而庆祝，因为他们从这些失败中总结了经验教训，这些经验教训将使公司最终走向成功。公司还给予获得失败英雄奖的人以相应的奖励。毫无疑问我们应该奖励成功者，但为什么不奖励那些敢于尝试却又失败的英勇者，因为他们的经验教训为我们最终走向成功铺平了道路。当我们庆祝从失败中吸取了教训，我们进步和成长，而成长就是这样来的。

发展与培训

众所周知，宝洁、通用电气和丰田等公司会在营销、财务和通用管理等关键领域提供伟大的培训。给员工提供他们所需要的工具和经验，对于将他们的技能提升到新的水平非常关键，特别是在以创新为焦点的文化中。

而且，因为人们花费他们生命的三分之二在工作上，所以最优秀的企业不只是停留在职业培训方面。法拉利的员工除了继续职业教育之外，还会从广泛的健身活动和福利项目上受益。其中一个项目称为"福利方程式"

（Formula Benessere），该项目不仅提高了健康意识，而且提供专业体检；"儿童福利方程式"（Formula Benessere Junior）项目的目的则是促进员工子女对运动、健身和福利的早期兴趣。除了持续的专业发展和特定兴趣培训项目之外，公司还提供语言课程。这不仅有助于建立员工忠诚度，而且在人才投资方面带给公司更好的回报。[4]

指导也很重要，因为它使高级职员与下一代更加紧密地联系。这也为成熟且经验丰富的员工和大胆、未经考验和缺乏远见的新秀提供了不断交流想法的机会。

如果你将你的领导力发展计划与公司的战略目标直接挂钩，你将两者兼得。公司的目标将得到更多重视和关注，你的关键员工将在同时驱动增长和效益（以及创新）等方面获得80%的发展性学习。有了正确的发展和培训，每个人都会受益。

沟通的清晰度

我们在第二部分讨论了沟通的重要性，这个话题值得再次说明。在一个注重创新的环境里，每一个人都应该随时了解公司的愿景、战略以及关键目标是什么。了解这些作用强大的方针就像黏合剂一样将公司凝聚在一起。在成功的创新文化中，每个人都知道他们所做的事情如何与具体目标挂钩。我们说过，应该将创新看作多种颜色交织在一起的挂毯。当你有了清晰的沟通，你的员工便了解了最终的挂毯应该看起来像什么。他们知道所编织的挂毯中他们自己线条的颜色。他们也知道和欣赏其他线条的颜色以及这些颜色在挂毯中的位置。这种特定的了解就是伟大的创新文化与好的文化之间的差别。

在上一章，我们介绍了宝洁公司的两位首席执行官德克·雅格和A.G.雷夫利以及他们的风格何等不同。他们的沟通方法更是如此。在雅格严峻的地方，雷夫利是和缓的；在雅格强制的地方，雷夫利会采取说服的方法。他说得少，听得多。简单地说，他是信息传递者与信息一样重要的鲜活证明。

作为首席执行官，雷夫利并没有就宝洁的未来发表盛大的豪言。相反，他花了大量时间耐心地沟通他希望公司如何改变。在一家以要求员工在一张一页纸的备忘录里描述每一个新行动的公司里，雷夫利的首选方法是口号。比如，他感觉宝洁是让技术而不是消费者需求来决定新产品，因此新的指令是"消费者是老板"。为了确保宝洁与零售商紧密合作，他把消费者第一次看到产品的地方称作"第一真理时刻"。"第二真理时刻"是客户在家里的体验。

雷夫利不断使用这些短语，并且今天他们仍然在整个组织中重复这些短语。在为期三天的领导力研讨会结束时，他问从世界各地过来的30位年轻的营销经理他们学到了什么。第一条便是："我们是消费者在宝洁的声音，他们是我们所做的一切的中心。"雷夫利坐在大家前面的凳子上。"我爱第一个，"他笑了，房间里爆发出热烈的掌声。

当雷夫利谈到他的用词，他有一点明白过来了。"这是电视剧《芝麻街》（Sesame Street）的语言，我承认，"他说。"很多我们所做的就是让事情变得简单，因为困难在于确保每个人知道目标是什么以及如何到达那里。"

在一家全球性的公司里这一点尤其艰巨，因为语言和社会差异将使清晰度更为重要。但是正如同多样性是挑战一样，它也是创造力最丰富的来源之一。[5]

拥抱多样性

今天，工作场所是文化的大熔炉。在一个日益全球化的世界，来自不同文化背景的一群人走到一起，去实现一个共同的组织目标并不稀奇。那是件好事情。一个多元化的工作场所会促进人际沟通的改善，并常常引入一些带有不同文化根基的新思想。多样性会提高员工的观察技巧和他们提出有效问题的能力。工作场所的多元化也会转变为对社会不同部分的更好了解。

然而，在一个多样化的公司里，真正的红利是思想的多样性。这是团队成员基于文化遗产、年龄、地理、功能性学科和业务方向带来的经验。当你基于思维方式、经验以及视角来雇用人员和培养多样性，你即是从尽可能多的角度关注公司的目标。多样性越丰富，创造各层面的创新的几率就越大。

变成以客户为导向

你将你的客户看作你最大的资产还是大门外的"敌人"？我们在第2章讨论洞察力时，在这方面花了大量时间。如果每一个员工都开放地对待客户，那么你的客户可以成为公司每一位员工持续的灵感来源。很容易认识到，负责与客户互动的员工就是需要以客户为导向的人。但是，在最成功的创新公司里，每一个人都相信他们是为客户而工作。无论你是运营一家公司还是领导一个部门或小组，你的员工都应该清楚他们不是为你工作。他们是为客户工作，就像你一样。

简和她的家人曾经作为贵宾参观华纳兄弟的制片厂。从停车场服务员到导游、售票员和保安，每个人都明确地将焦点放在使客户感觉良好。他们说这很容易做到，因为运营公司的人都觉得他们在一起工作是为最终的老板——客户提供服务。在这种环境下，不难想象，好的创新点子是以其对客户满意度的贡献、而不是个人议程来评估。然而，锦上添花的是，事实上所有人，包括在参观结束时提供冰激凌的人员，当他们因他们的表现而被称赞时，他们说所做的一切表明他们有多么喜欢为"如此伟大的公司"工作。

网络和连通

创造一个注重创新的环境，最明显而又未被充分利用的工具之一就是交流思想。这意味着要把你正在做的与公司内外其他人所做的事情联系起来。员工联系越紧密，他们越能认识到他们如何共同努力才能做出伟大的事情，更伟大的事情也将发生。但是，这并不会自动出现。它从最高层开始。问问你自己，执行团队里有多少联系。高层管理人员在公司内外的网络构建得如何？是分享掌声，还是彼此争斗促进孤立？这些是激活创新文化时要理解的重要问题。你的文化越能最大限度地促进同事、对手以及其他业务部门之间的互动和合作，那么它就越具有创新性。

鉴于简所做的工作，她看到很多高层管理人员加入了新的组织。那些跳槽而没有建立强大的理解、连通和支持网络的人，往往开始很强劲，但最终需要消耗更多的时间来创造可持续的创新和机会。倾听、理解和欣赏身边的人需要时间，那些这样做的人可能要花费更多时间来使新的事情发生，但是一旦他们这样做了，他们便能迅速地、以一种使人们能感觉到自我进步的方式行动，从而激励更多的创新。

花时间倾听和与周围的人互动，在以危机为驱动力的、基于恐惧的环境中绝不会成为最优先的事项。这些环境过于注重短期，无法看到或得到一个以网络为导向、高度连通的环境所创造的回报。记住，如果你不知道它们的存在，你永远不会抓住机会去创造新产品、服务或市场。封闭环境的代价永远超乎你的想象。为什么呢？因为你永远不明白你不知道的东西。

及时思考、梦想和创造

在今天以左脑活动为主的世界里，每一分钟都被紧密地安排了一项重要任务，甚至一次安排两三项重要的任务。科技使我们能够在清醒的每一秒钟运动，使我们相信我们必须一直"做"。然而，做是一个被动的过程。重要的是你知道需要做什么。而思考和梦想则是你如何决定需要做什么。创造一种环境，领导者至少会让思考、梦想和创造成为一项优先事项，这有助于你知道要做的正确事情是什么。这便为你的企业创造了全新的机会。

在你恐慌、设想一种环境——每个办公室里都铺着瑜伽垫子，公司的颂歌在每天一小时的沉思和创造时间哼唱——之前，请放心，我们并不是说焦点、交付和责任期限不重要。当然，它们都非常重要。我们要说的是，如果环境具有全脑思维导向，让大脑的分析性和创造性两方面蓬勃发展，那么你将最终从你的企业获得更多的生产力和战略积极面。这意味着做事情之外，还必须有时间去反思和想象。

雅诗兰黛公司总裁兼首席执行官法布里奇奥·弗雷达每天至少花半个小时的时间放松和想象。他把他花在会议上的时间限制在 45 分钟。他不认为那些停在会议室的人是能够创新的人。有效的创新文化要求明确的焦点、对正在做的事情和为什么做的理解，以及思考周围等待被开发和征服的未定义空白的空间。

如果你给员工身心呼吸的空间，你会惊喜地发现他们实际上会做更多的事情。谷歌以这种方式经营了多年。该公司不仅希望并且要求他们的员工花时间去探索新的兴趣领域。这让他们保持活力、学习和拓展，而且他们最终形成了许多谷歌的运营创新，创造了数十亿美元的市场价值。Netflix 给员工无限制的带薪休假时间。从运营上讲，这可以为公司节省时间和金钱，公司不必跟踪使用的休假时间，或者当有人离开时，不必为未使用的休假时间支付大量的金钱。从文化上来讲，这传达了一种信任，这种信任既可以促成忠诚，也让员工能够控制他们工作与生活之间的平衡。

你公司的文化和谷歌、Netflix 或法拉利一样吗，或者一切事情都要当天完成，没有时间来恢复精力？当员工总是处于红色警报、保持高度压力，他们便进入了我们所说的"担忧综合征"。在这种情况下，虽然会有很多活动和戏剧，但没时间去思考。无论是从短期还是长期来讲，担忧永远不会让你的企业实现最好的业绩。然而，花时间去思考、梦想、放松和创造，可以在你的文化中激发创新。

所有权的授权

在创新文化中，组织的每个人都感觉获得授权去做事情。所有权不是在自上而下的基础上驱动的，在其中信任总是流向最高层。它是注重团队的。我们最喜爱的格言之一是老子讲的，它是导向所有权和授权环境的黄金标准："当员工几乎不知道其存在时，这样的领导者是最好的。当他的工作完成、他的目标实现时，他们会说，我们做了自己该做的。"这是所有权授权的终极形式——不仅让公司的员工看到什么是可能实现的，而且能够创造出一种将他们对自己的信念加强到这种程度的环境，即他们在你的领导下比他们一个人时更有能力。难道这不是我们在这个世界上都想拥有的影响力水平吗？这是一个人人值得追求的目标，但对于创新文化来说，它是势在必行的。

微观管理会谋杀创新，但授权能使它蓬勃发展。想想你知道或者阅读到的最有创新性和创造性的人。你能想象爱迪生在那种因为他的老板每时每刻都盯着他所以害怕失败的环境下创新吗？你能想象迪安·卡门或米开朗基罗用分层图创造他们的杰作吗，每秒钟都紧贴他们的脖颈以确保他们实现了他们的目标？永远要记住，你领导的员工是与你一样的人。给他们提供一种可以成长和努力向上的环境，这样创新便不会被抛在脑后。

物理空间

到目前为主，我们一直在谈论创新的感情和思维方面的文化属性。现在，我们把目光投向感觉方面。看看你的周围。你的运营环境是鼓励合作，还是促成孤立呢？即便有一个开放的鼓励合作的工作环境也无法保证每一个人都成为创新者，这的确可以增强公司在连通和构建网络方面的价值观。它往往也能够使公司里的右脑思维发挥更大活力。记住，你工作的地方会传递出你看重的文化的强烈信息。

几年之前，简在为一家准备建设新总部的《财富》500强消费包装商品公司搜寻一名设施管理主管的时候，与其首席执行官有过交流。这次会议是为了更多地了解首席执行官想要这名开发和带动整个建设项目的人具备什么。会议开始的时候，简问了一个她认为很明显的问题，"你希望你的新总部大楼向世界展现出企业文化的什么呢？"首席执行官茫然地盯了一分钟，然后说他真的没有想过这个问题，但或许应该好好思考这个问题。

那就是雷夫利接管宝洁公司的首席执行官时首先想到的。自20世纪50年代以来，宝洁公司总部的十一层一直是高级管理人员的据点。雷夫利通过把所有五个部门负责人移到和他们的员工同一层来消除这种观念。然后，他将腾出的一些空间变成领导力培训中心。他把该层其他部分的墙打通，这样该层的其他高管，包括他自己，就共同使用开放的办公空间。在雷夫利执掌的十年间，他坐在两个人旁边，经常同这两人谈论问题，宝洁公司的风格通过他们的研究正式确立：人力资源部主管和公司的副总裁，雷夫利信赖他的营销专长。

他也对十一层的会议室进行了重大改变，他和他的高层管理人员每周在那里会面，审查业绩、谋划战略以及为今后的日子设置议程。雷夫利上任时，他把长方形的会议桌换成了圆桌。人们以前习惯坐在被指定的地方；换成了圆桌后，他们可以坐在他们想坐的地方。如果你走进一个不知道谁是谁的会议，你会不知道谁是职位最高的人。[6]

雷夫利是掌握这种微妙沟通的大师，并且以塑造公司的物理空间的方式表明每个人都是重要的。这种开放的感觉使员工之间更加易于交流；而且如果他们能够用他们的照片和纪念品装扮私人空间，那么更有助于促进创造力和缓解压力。东方文化已经运用物理空间的这种思维方式数个世纪了。近年来，风水的古老原则被许多西方组织所采用，用来改善他们工作场所的物理空间和能量流动。创新的核心就是创造性能量。你为消除负能量的同时增进正能量所做的一切都将在创新中得到回报。

黑暗面

当我们开始写《大创新》时，我们有意识地决定要将注意力尽可能地集中在积极面。负面的例子当然有价值，正如失败有价值一样，但我们仍然相信动力和灵感来自对自己、对将来以及对周围世界感觉良好。话虽如此，可是我们如果不花一点时间讨论这么多公司遭遇的陷阱，我们将无法分享我们的经验和专业知识。我们把它称为"黑暗面"是因为它就像一个阴暗的地方，寸草不生，绝对是创新杀手。这里有四种来自环境的最致命的创新杀手。

恐惧的氛围

故事发生在斯大林死后不久，他的继任者赫鲁晓夫在最高苏维埃会议上致辞。正当这位新任领导者对斯大林的可恶罪行咆哮时，有人喊了出来，"同志，你那时在那里。你为什么不阻止他呢？"

赫鲁晓夫站在那里，对大厅里的人们怒视片刻。然后他喊道，"谁说的？让我看看你的脸！我想知道是谁说的！"没有一个人说话。没有人举手。经过了漫长而又令人难受的沉默，赫鲁晓夫说，"现在你们知道为什么了吧。"

恐惧是生活的一部分，不幸的是，它也常常是工作的一部分。人们害怕犯错，害怕看起来愚蠢，害怕对一个控制型老板越级，或者挑战被珍视的传统和"我们做事情的方式"。当这些恐惧存在的时候，它不仅仅限制员工的创造力和消耗他们的精力，这也会激起他们反抗或者逃避的本能。当恐惧发生的时候，要么你会不断面对对你提出的想法的阻力，就像德克·雅格在宝洁发现的那样，要么你的最优秀员工会跳槽到竞争对手的公司，有时甚至是大批人。没有人喜欢一直处于防备状态。如果你的文化认为错误、失败或者甚至仅仅是想法太具有创意是坏的，那么你怎么能期待有人去尝试呢？

作为一名创新领导者，你不能在你的组织里消除恐惧，但是你可以通过表现出理解、鼓励开放、诚实、接受聪明的失败和欢迎不同想法的挑战来降低它。如果你当前的文化沉浸在恐惧中，当务之急是改变这种氛围。这需要时间和努力，但是如果你用安全感代替恐惧，创新的质量和速度将会有戏剧性的改善。

政治如常

虽然很多领导者宣称他们相信创新是重要的，也是其纲领的一部分，但正如比尔·福特所说，人们经常心口不一。那是因为尽管每个人都宣称忙碌于创新，但是没有人真的是。在这种情况下，组织会在内部政治和定位的网里迷失，也会失去对公司目标的注意力。公司政治，无论是内部的还是外部的，除了让每个人忙起来，别无益处。

我们都听过"赢了战役，输了战争"，当你将精力花费在击败坐在旁边或者楼下的"竞争对手"这样的内部定位的时候，这句话可以被赋予新的意义。对于我们中的大多数人而言，这样的环境却很常见。还记得我们讨论过的比拉尔在卡夫的经历吗？在那里，工厂的经理们分享想法、采纳政策，其中最好的政策会被执行，即使这意味着他们中的某一个人可能会丢掉他或者她的工作。最后，每一个人都被照顾到。你能想象类似这样的事情发生在你的公司吗？我们中的大多数人不能。事实是政治、或者对政治的恐惧，是创新最大的阻碍之一。政治使团队合作偏离轨道，助长利己议程，并破坏每个人的成功。

把政治从组合中抽离的唯一方法是改变奖励制度。如果你奖励创新而不是个人成就，如果你让"为了大家的利益而合作"成为成功和认可的衡量措施，政治就开始褪色。总是会有一些以自己的利益来支配行动的人，但是即使这些人也可以被带进圈内，如果走在前面意味着举起创新旗帜的话。公司不一定非要政治如常。你的目标是：公司为人人，人人为公司。

傲　慢

我们知道有些人很自信，以为他们了解一切，以致不愿去接受新观念、明智的建议，甚至需要帮助时也不愿接受援助之手。对于创新来说，这是最差的领导力，因为创新的核心意味着开放且愿意接受未知的东西。傲慢使你与世隔绝，甚至与你的客户、员工以及现实失去联系。它助长了向内部和高层集中的等级文化。当傲慢与专横的领导方法相结合，正如常见的那样，它最终会鼓励人们不惜一切代价来避免风险。员工会将更多注意力放在取悦或躲避老板，而不是创造出一个让每个人都骄傲的公司。关于傲慢，其悲哀是它常常掩饰了不安全感或者缺乏自尊。如果你为符合"什么都知道"这一特征的老板工作，那么，很可能你除了接受团队中的一个位置之外无事可做。如果你有更好的想法，将它说成老板的想法，你知道，这种性格的人不会永远在这个位置。

目光短浅

尽管我们之前说过创新杀手很容易就可以找到，然而，这种杀手更多是一种无声的杀手，就像心脏病一样。通常等你知道正遭受其痛苦时已经为时已晚。不分青红皂白地削减成本来提高数字、在创新应该蓬勃发展的研究和营销等领域缩编，让每一个人将注意力集中在下个季度而没时间考虑下一个十年，都是目光短浅。

到目前为止，我们在本书谈论过的很多话题都是为了避免短见：探索四个层面的机遇、挖掘客户的洞察力、评估风险、承担责任以及建立伟大的团队和伟大的文化。然而，治疗短见的第一步是要承认它的存在。值得再次说明的是，很多公司常常说他们正致力于创新，但却不跟进和开动发动机。如果你不转动钥匙，那么你哪里也去不了，而钥匙则是看到未来。如果你看看地平线，你就会知道大未来在前方。如果你遵照我们本章最后的建议，你会发现这比你想象的容易。

保持简单

在我们为这本书所工作和研究过的所有公司里，有一种东西可以作为富于创新的文化的基础，那就是简单。让你的员工很容易就能明白你的预期是什么。要明确目标，给员工思考的权利，让他们以符合公司最大利益的方式去做事。不要鼓励和接受隐藏的议程。当公司只有一个议程——达成客户、员工和公司之间的共赢——那么没有人会偏离公司使命的轨道。

简单是每个人都知道自己的位置，并能感觉到他们是公司的一部分。简单是能够自由提问，而且会得到答案的尊重。简单是指引取代了规定，自尊取代了自我推销。当员工有了相同的目标，并了解对他们的期望，那么生活就变得简单，员工们也会乐意去上班。如果他们高兴，没准你也会。

你不能独自激活创新。你需要公司及其背后所有的人。当你理解了创新的细微差别，接受了领导者的责任，并激发了你周围的人，那么只有一件事需要去做，那就是将它推向市场。

第 9 章

激活市场

正面你赢，反面你输

你明天的运气或许足够好。
如果是这样，很好。
但别去指望它，
而且最重要的是，
不要坐在那里等待。
——赫尔曼·W·雷

    从美泰公司的整个历史来看，玩具设计创新成就的具有历史意义的产品，已经从一代传承到另一代。经典的玩具，如"看和说"（See'n'Say）、"火柴盒"（Matchbox）和"风火轮"（Hot Wheels，已经生产了超过10亿台汽车模型），在六十年后仍然常常出现在商店的货架上。但所有这些属于该公司的创新中，有两个确实具有超级明星的地位——但两者的成功都被批评过于牵强。鲁思·汉德勒（Ruth Handler）和她的丈夫埃利奥特·汉德勒（Elliot Handler）共同创建了美泰，他们以及他们的合伙人哈罗德·马特森（Harold Matson）是它们的缔造者。

    鲁思是一位拥有两个孩子的母亲，她和她的孩子们非常合拍。她注意孩子们做什么、他们怎么玩耍，还有孩子们在那种新式娱乐设备——电视上看些什么。20 世纪 50 年代正是《米老鼠俱乐部》热播的时代，几乎全国的孩子们每周末都会有一个小时黏在小小的屏幕跟前,与那只穿着拉拉队服、有着超大型耳朵的老鼠一起度过。在那六十分钟里,孩子们都被电视俘获——正是这些孩子们喜欢美泰开发的玩具。虽然玩具营销传统上都是在圣诞节前夕通过吸引父母们来获取销量,但鲁思却在想,如果将这种现状稍稍改变一下会发生什么呢?如果是由孩子们自己而不是玩具制造商来告诉父母他们想要什么会不会更好?随着一种叫做"饱嗝枪"(burp gun)的玩具即将推出,抱着"没有胆量就没有荣耀"的态度,鲁思与迪士尼公司签订了一份 500,000 美元、为期一年的电视广告合同。[1] 这个投入几乎是美泰年收入的 10%。人们觉得鲁思简直疯了。电视广告播出了六次,看起来几乎没有任何变化。然而在那之后,美泰人在度完周末回来以后发现公司的门打不开了。屋里塞满了订购和再次订购的订单。[2] 鲁思的决策被证明是正确的。

美泰在《米老鼠俱乐部》上的广告,插入了美泰的名称以及"饱嗝枪"玩具,给美国的玩具产业带来了革命。"好玩就在美泰!"的广告口号深入人心,被孩子们口口相传。与此同时,这个广告语为汉德勒夫妇的下一次变革创造了条件。

就在鲁思发起玩具业营销革命的同时,她还在思考另一个问题。鲁思受到女儿的启发,她观察到女儿和朋友们玩纸娃娃,她们喜欢给纸娃娃打扮,规划娃娃长大以后想做什么——这可不仅仅只是模仿母亲和她的孩子。这引起了鲁思的极大兴趣。当一个小女孩想用玩具娃娃来代表她对梦幻家庭的梦想时,却没有合适的立体玩具来帮助她们展现她们的梦想。鲁思想要填补这一空白。在不久之后的一次度假中,鲁思在德国发现了一种叫做莉莉(Lilli)的玩具娃娃,她决定用这种成人大小的娃娃作为模版来设计自己的玩具娃娃。尽管埃利奥特认为这种玩具没有任何市场,鲁思并没有放弃。三年的时间里,她一如继往地对她的玩具娃娃进行修饰和美化,直到她最终准备好将其推向世界。

11.5 英寸高、身材姣好的芭比娃娃在 1959 年美国玩具展上首次和公众见面,芭比的名字正是取自鲁思自己的女儿。然而让鲁思失望的是,事实就像她的丈夫所预见的那样,"我们一半的客户都不想要这种玩具"。[3] 鲁思不愿放弃,又把阵地放到了电视上。即使商店不想要芭比娃娃,鲁思坚信消费者依然会青睐。于是在1959年3月，电视广告在《米老鼠俱乐部》播出，伴随"长大后我就成了你"的广告旋律，芭比娃娃以及为其特别制作的衣物和饰品以迅雷之势席卷了货架。消费者用"我们喜欢她"的回答又一次证明了鲁思的正确。

半个多世纪以后，报道称全世界每三秒就有一个芭比娃娃被出售。小女孩们因为玩耍和收集芭比娃娃而和她们的妈妈黏在一起，或是与美泰最近的创新"视频芭比女孩"玩音频引导的寻物游戏。可以说，如果不是鲁思·汉德勒善于从生活中得到灵感，创造出这项令人瞩目的发明，并以一种极具吸引力的方式将其推入市场，那么这一切都不能发生。

随着我们这次创新之旅接近尾声，是时候总体回顾一下成功最重要的组成部分之一——激活市场。你可以拥有最具想象力的创新产品，但是如果消费者不认可，你仍然不能成功。我们从激发人们参与的一些最重要原则开始探讨，首先是要有一项人们真正想要的产品。这似乎是不言而喻的，但在现实中你会惊奇地发现，很多人忽视了这一点。我们还将讨论如何找到最符合市场的创新、消费者在现实生活中使用以后确定产品的市场价值以及让产品随着时间的流逝而调整和演进的重要性。然后，我们还将谈到一些客户参与的途径——它们本身就是市场创新，比如社交网络、全球销售人员以及微博等。这是一个瞬息万变的世界，与时俱进不仅会带给你创新的灵感，也会让你去实现它——至少在你做对的时候。

正面你赢，反面你输

对于一家公司来说，没有什么事比投入了大量的时间、资金和资源来发展一项新产品，却在市场上遭到惨败更糟糕的了。实际上，有70%的新产品在投放市场的第一年遭遇了失败——包括那些应该会成功但是却没有的创新。有时候原因很明显：公司没有做好消费者的工作、产品投放时机不对或者采用率提高过慢而导致回报周期太长等。这些问题都可以用我们在第4章讨论的3个W来避免。但是，即使你做好了所有这一切——即是，你的产品是消费者想要的、有实现的技术并且有一个明朗的市场前景——在如今这个瞬息万变的环境下，新产品就像是抛硬币，成功与否飘忽不定。

不过，你可以运用超前思维，让结果朝自己想要的方向发展。

在你将一项创新投入市场之前，要确保你的跨职能团队（营销、销售、研发和财务）的合作明确了以下五个关键要素：目的、匹配/定位、真实价值、清晰的沟通、建立销售势头的方法。一如往常，确保你具备随着持续的客户反馈来调整和改进的能力。确定这些条件都满足，你便有更大机会成为在抛硬币游戏中胜出的30%幸运儿之一。

你在想什么？

让人惊奇的是，如此多的创新推入市场是因为那些公司认为客户想要某种东西，但实际上他们不想要，或者至少不是以其被创造的那种方式。这是创新最大的陷阱之一——觉得你知道客户想要什么，结果却让你吃惊。然而事实是，一种产品唯有被消费者认同，我们才能称其为成功。在这一点上没有人比R. J. 雷诺兹（R. J. Reynolds）有更深切的体会了。1988年，他的公司为了响应关于二手烟的负面报道，推出了一种"无烟"香烟。吸烟者按理来说应该欢迎这个创意。它可以消除一部分来自非吸烟者的压力，因为它使衣服和头发里不再有浓重的烟味，烟头也不会对环境造成影响。这个看似非常有前景的创意让公司投入了3.25亿美元去研发。只有一个小问题，就像《报导者杂志》（Reporter Magazine）所指出的："它所产生的气味让吸烟者和其附近的人作呕。"这种称为"首相"（Premier）的香烟仅仅在市面上出现了四个月。公司没有放弃，在1996年又投入了1.25亿美元研发了一种被称为"日食"（Eclipse）的升级版。然而市场依然惨淡。[4]

R. J. 雷诺兹的失败之处就在于他没有考虑到，吸烟实际上是一种感官体验。没有了烟味之后人们通过感官无法分辨出香烟的优劣来。所以，尽管客户调查可能显示出对无烟香烟的需求，但是受访者并不希望以这种体验为代价。这种交换不值得。这一点是创新时需要好好考虑的。你必须清楚人们在接受你的创新时放弃了什么。如果熟悉的事情让人感觉更舒适的话，问题就来了。就像早期的那些环境友好型产品一样，公众都认为那可能是对环境有好处的，然而如果像洗发水或香皂这样的产品在使用时不起泡的话，人们同样会拒绝使用它们。因为如果它们不起泡的话，他们会觉得"洗不干净"。出于这样的原因，这种产品的大面积推广很难实现。

人们对一项创新感觉如何还取决于它让人们对自己感觉如何。这是市场参与很关键的一部分。自尊以及感觉重要和受尊敬是每个人都认同的价值。如果你的创新能够提高这两项价值，那就宣扬它们。反之，如果你的产品降低了这些价值，你可能就麻烦了。是的，一项创新让人们对自己感觉不好确实是可能的。

人们都知道，单身成年人不会总是自己去做饭，但是他们还是得吃饭，所以方便和快捷就成了他们选择食品时的重要因素。婴儿食品生产商格伯（Gerber）有了一个它认为绝妙的市场创新：成人罐装食品。既方便购买、储存，又方便食用，看起来像在一个新领域为公司开拓了势在必得的市场。不幸的是，结果让人失望。他们的目标消费群体——在校大学生和单身成年人——对装在婴儿食品罐里的奶油牛肉一点不感兴趣。产品的名称"单身一族"也没有作用。苏珊·凯西（Susan Casey）在2000年10月的《商务2.0》（Business 2.0）中这样描述，"使用那样的产品好像就是在说'我一个人住，我吃罐装食品。'"[5]这样的产品完全是败笔。

如果你从消费者的角度来看，这样的结果也就不奇怪了。虽然格伯"单身一族"在公司的观点来看有道理（毕竟，用装婴儿食品的罐子来装成人食品可以节省生产成本），但是没人会为一个不仅告诉全世界他/她是单身、并且让自己看上去很幼稚的东西买单的。尤其是那些刚刚步入独立生活的大学生们。

所以，尽管R.J.雷诺兹和格伯都具有明显的创新性，他们不仅有能够改变整个行业的先进技术，而且有可以为公司争取到大量特定消费群体的市场创新，但是依然损失了上亿美元。原因就在于他们的产品并不是人们真正想要的，至少不是他们想要的方式。

寻求完美契合

一项创新的初衷往往是拓展新的市场以谋求可持续增长。这部分涉及在不损害现有产品线的基础上开发新的产品。但是有时候，例如格伯的产品，只有在与预期消费者很好地契合的时候才是一个受欢迎的创意。不是定位于大学生，如果格伯能直接或者通过扩展服务设施将其粗滤食品推销给老年人的话，他或许会交好运。因为如果是这样，当柔软、健康的食品契合消费者需求的时候，他的产品将会两次出现在一个人的一生中，无疑会给公司带来更大收益。所以，当你将一种创新带入市场的时候，定位——或者如我们将在下个例子中所说的重新定位——将会带来巨大的商机，同时还会为产品的进一步创新做好铺垫。

前联合利华药剂师格雷厄姆·伍尔夫（Graham Wulff）于1949年在南非发明的玉兰油在其推出之初受到了极大的欢迎。这种装在玻璃瓶中的淡粉色、柔滑的液体与同一时代那些厚重的美容霜截然不同。它色泽优美、香气扑鼻。用过的女性爱不释手。

与产品一样不同的是，其营销方法更是不同寻常。它的目标消费者是25岁以上的人群，但是，其包装或者广告并没有提到这种新产品的用法。广告上出现的只是诸如玉兰油"分享让你更年轻的秘密"和"美的秘密"这样的字眼。很快，人们就被它营造的这种神秘所俘获，女性们更是不能自己。

伍尔夫和他的营销伙伴杰克·洛（Jack Lowe）在产品的分销上同样不走寻常路。他们并没有到处找零售商投放他们的产品，而是在广告推动客户需求的基础上，坐等药房来索要产品。结果，这种策略和产品的表现远远超出了他们的预期。在三十年的时间里，玉兰油遍及全世界。

当宝洁公司在1985年并购玉兰油的时候，这个商标已经创造着2亿美元的年销售额。在得到宝洁公司强有力的支持以后，公司对其"玻璃瓶中的粉红色液体"有了更高的期许。宝洁公司当时的目标便是增加公司在美容/护肤品市场的影响力。为此，公司任命苏珊·阿诺德（Susan Arnold）执掌全球个人美容和全球女性护理业务，给予其全面决策权来创造神奇。她做的第一件事便是去掉了"玉兰油"中的"油"字（将Oil of Olay改为Olay，中文仍称玉兰油。——编者注），暗示着厚实、油腻的产品已经不能在护肤品市场有所作为了。然后她开始着手进行品牌改造。"它曾经是你祖母时代永葆青春的神秘粉红色液体，"阿诺德说。"我们用'爱你的肌肤'的口号来将玉兰油重新推出，旨在强调内在和外在双重的美，并开始用抗衰老产品寻求更高端的市场。"[6]由产品的销售渠道来看,这项战略完全是一种赌博。

连锁药店和零售商店的客户们往往根据产品的价格选择商品,但是阿诺德相信,当她向消费者传达了其价值的时候,他们会选择她的产品。虽然进行了一些宣传活动来让她的零售客户参与,但她说服他们,只要成本仍然低于百货和专业店品牌,女性会想要这个负担得起的产品。事实证明她是对的。她找到了她的完美契合,这样,清晰的增长路径诞生了。

在第一种产品线"美容液"之后,公司开发了新的产品线,包括玉兰油面部清洁布、升级的玉兰油全效产品系列以及原有润肤产品的升级配方。玉兰油还推出了新生唤肤系列(Regenerist),以帮助皮肤焕然一新。这种产品线拓展不仅仅赚钱,更是扩宽了其消费群体,从服务主要是婴儿潮一代的人,到"X一代"的人,甚至是更年轻的"Y一代"。

随着这种势头的建立,公司加快了其创新的步伐,与小型生物技术公司、大学和大型供货商合作。据阿诺德说,仅仅玉兰油品牌就有超过五十家外部合作机构。这个从年销售2亿美元开始的品牌在2003年销售额突破十亿美元,2009年更是达到了28亿美元。[7]从一开始,该产品就知道其在市场中的位置。作为宝洁公司旗下的创新大亨,玉兰油为公司提供了巨大的增长,并且必将带来更多增长。如这个例子所展现的,对你的客户和消费者尽可能深入地了解,使你以一种灵活的方式参与市场,不仅会确保成功,而且会让创新管道在未来数年持续流动。

看到森林中的树

了解你的客户和你在市场上的契合点是关键的第一步,但也仅仅是第一步。当你的产品投入市场,消费者开始使用的时候,新的问题会接踵而至。这时,市场的灵活性变得与创新本身一样重要。事实上,有时候你确实有更好的产品,但却仍然在成功者的圈外徘徊,因为你没有根据消费者在体验产品的时候反馈的信息对产品作出调整。当你的创新处于变革或品类层面的时候,这一点尤其如此。在这些层面,人们只有在现实生活中体验一项创新一段时候之后才可能知道他们真正想要什么。如果你的竞争对手更精明于抓住这些细微之处，那么不管你的产品是否更好，你都麻烦了。

20世纪70年代，在家用录像市场有一个很好的后来者居上的案例。[8,9]1975年，索尼公司率先发布了一种家用录影机。该机器使用索尼自己的Betamax格式来贮存影像数据，它在家庭娱乐上是完全独特的创新，抓住了消费者的想象力。对索尼公司来说更有优势的是，公司在该市场是独家。直到一年以后日本胜利公司（JVC）推出了另一种家用录像系统VHS，索尼公司才有了对手。VHS使用的是JVC公司自己的视频格式。虽然竞争者的出现让索尼公司始料不及，但是作为这个市场的先驱者，索尼从未想过会输给这个后来者。

首先，作为一项技术的开创者，索尼错误地判断了家庭录像市场的潜力。索尼坚信由于自己是先行者，因此在这个市场上会作为独家供应商，将其Betamax格式建立为行业领先格式。它是如此自信，事实上，它将时间花在与其他制造商谈判授权这项技术上。另一方面，JVC的母公司迅速授权了其VHS格式。就这样，当索尼还在与各方授权的谈判中苦苦挣扎时，JVC却带着它们自己的家用录像系统VHS捷足先登，Betamax的命运可想而知。

到1977年初期，当时主要的消费电子公司都有了各自品牌支持VHS格式的录影机，并且要比持支持索尼Betamax格式的录影机便宜得多。由于这两种视频格式不能互相兼容，因此消费者必须从中选一。几乎不用想，有着更多品牌可供选择和更低价格的VHS成了消费者的首选，所以VHS胜出了。这是索尼所犯的第一个错误。不幸的是，并不仅此而已。

用心聆听客户

一项创新进入市场之后，客户和公司通常都有一个学习曲线。产品测试只能告诉我们关于其使用和偏好的有限洞察力。而且这些洞察力往往还受到公司的测试方法的影响。太多的时候，我们听到的只是我们想听到的。这就好比不是问消费者喜欢什么颜色，而是直接问他们想要黑色还是白色。在录影机市场的案例中，索尼就确信消费者会将画面质量看得最重。不幸的是，消费者可不这样认为。

为了达到公司想要的画面质量，索尼只能将其格式的录放时间限制在一个小时。但是，这点时间根本不够记录一场晚会，或者更为重要的周一晚上的足球赛。画面质量固然重要，但人们真正想要的是时间。人们想记录足球赛、下午的肥皂剧或者是卧室里播放的好莱坞大片，这些都需要时间的支持。消费者说话了，但索尼没有听。然而，JVC 却做了有心人。他们几乎马上就开始改进他们的机器，推出了支持更长时间录像、"完美支持电影"的两小时录像带。

能够完全记录整部影片，使人们可以在家欣赏是一项相当大的突破。它不仅改变了消费者的习惯，同时更使得家用录像系统 VHS 得到了更广泛和更长久的应用。最后，正是这种支持电影播放的能力，使录像租赁业务在 20 世纪 70 年代和 80 年代蓬勃发展，并奠定了 VHS 在录像行业的王者地位。

这个故事让人惊奇的是，总体上看，索尼确实有着更好的产品。尽管在测试中消费者都说 Betamax 格式非常棒，他们会选择购买 Betamax 产品，但是一经面市，这一切都成为了泡影。消费者食言了，他们想要更便宜、录像时间更长的产品，而这两者 JVC 的产品都具备了。

终于在 1988 年，索尼屈服了，开始推出它自己的 VHS 录影机。尽管公司宣称仍然支持 Betamax，但很明显 Betamax 已经结束。时至今日，Betamax 系统唯一留下来便是 betamaxed 这个词，用来形容由于竞争者后来居上而昙花一现的产品。另一方面，JVC 却在市场上占据主导地位长达三十年时间，在特许权使用费上收取了数十亿美元。

最后，决定这场竞争赢家的不是创新本身，而是大范围的市场活力。两家公司都开发了有潜力变革家用娱乐市场的突破性产品。双方都有强大的、已经建立的品牌。然而在 JVC 开始授权它的技术、激活交易市场的时候，胜利的天平开始倒向了 JVC 一侧。当新的消费者洞察力浮出水面，JVC 根据消费者的需求修改产品、获得消费者的青睐之后，它找到了甜蜜点。你不仅要做好，而且要与时俱进。而且，采纳消费者的意见并不是什么坏事。

相信我，这对你有好处

参与市场最重要的是沟通，而不是任何其他东西。你不仅要拥有人们想要的东西，人们还必须了解——至少在一定程度上——为什么他们想要你的产品。如果不这样做，那就类似于父母在教育孩子们多吃蔬菜的时候仅仅告诉他们"这是我说的"一样。这样说对孩子毫无作用，对客户也一样。既然创新从定义上说是独特的东西，那么需要告诉人们产品的价值，这样人们才会去拥抱它。

我们在本书里经常谈到苹果公司是因为，这是一个必须面对的现实，这家公司实在太擅长于它所做的事情了，特别是营销。iMac虽然只是一台小机器，但它的推广策略却极为精明。如果你能回忆起来，你就会知道当年让普通人在家上网是多难的一件事。C驱、超文本标记语言（HTML），以及蜂鸣声、呼呼的风扇和大量电脑莫名其妙的死机让大多数人望而却步。直到iMac和一则商业广告的出现改变了这一切。

"三个简单步骤就可以上网，"广告如是说。"第一步，插入网线。第二步，联接。"然后屏幕转暗，色彩明亮、友好的iMac闪现，声音继续，"第三步，［轻笑］没有什么第三步。没有第三步！"

在这则广告出现之前，普通人甚至都不知道这家公司的存在。这种沟通公司及其产品的价值和品牌的方式真是天才，它就像一阵耳语，便使人们知道有一个叫苹果的公司推出了一种新产品，而订单随后源源不断地送来。2010年，当苹果推出iPad时，仅仅在发布的头八天就售出了300万台。[10]

苹果所做的，从其创造性的、简单直接的广告，到其圆润、精美的包装，以及易读的指南和使用说明书，都是在沟通价值。我们从苹果公司看到的在这一领域唯一的失败是超前的个人数字助理牛顿（Newton）。其广告充满神秘感和影射，但绝不会激起市场的参与。它没有告诉你一个亟待解决的问题：这东西到底是做什么的？

既然个人数字助理是一种新创意，人们找不到其与生活的相关性。这则广告并没有说它将如何影响人们的生活。创造话题是一件事，但话题没有散播开。创新在于让生活更美好、更快乐、更简单、更有趣或者更有意义。不要留给消费者或客户自己去解决问题。

一家位于俄亥俄州的塑料涂层织带材料制造商生物塑料公司（BioPlastics），发明了一种用于救护车和医院轮床的绷带。这些绷带一般用于病人的运送，这种透气的尼龙材料不仅能吸收体液，同时还能防止感染。根据规定，这种产品在使用过一次之后必须更换。而这项新产品涂上了一层柔软、富有弹性的塑料，可以很容易地清洗和消毒。这不仅扩大了该产品的使用，它也节省了清理时间而且对病人和工作人员来说更安全。尽管有这么多的优点，然而要进行推广还是有两个困难：价格和有限的营销预算。生物塑料公司需要在每一次曝光中迅速沟通该产品的价值。它在产品名字上找到了突破口，将其名称定为"生物安全"（BioSafe）。然后公司从两方面入手，一方面向医院工作人员宣传产品的安全和易用性，一方面向首席财务官们宣传其成本效用以及可以使员工和病人远离病原体。如今，这种产品已经出到了第三代。公司还将其业务拓展到了生物医学、体育、娱乐等邻近行业。它甚至将其产品推广到了航天业。

苹果公司、生物塑料公司以及先前提到的美泰公司的事迹，充分说明了确定是什么使一项创新独特、有价值和值得交换的重要性，并且要将这三个方面清晰和有效地沟通。为了深入了解清晰沟通的重要性，不妨考虑这件事：根据美国报业协会的数据，十年前，美国人平均每天接触到广告信息超过三千条。而在电子媒体高度发达的今天，你可能每天在早餐之前就能看到这个数量的广告！几乎每个人都在试图建立一个品牌，因此，当你要推出某种新东西、使其穿越层层喧嚣，这一点就特别重要。弄清楚你的新产品并将其清楚地沟通出来。如果你这样做，那么最好的市场参与工具将出现——布道者。

狂热的粉丝——为你造势

当你有了正确的产品，在市场上有了合适的定位，而且你建立了沟通平台，清晰地传达你的创新的独特价值，那么你现在需要的是一批忠实的粉丝。他们不仅是你的新产品的早期采用者，而且可以作为你的布道者，帮你把新产品传播开来。在哪里找到他们很大程度上取决于你的创新的种类。如果是变革性创新或者品类创新，那么你的早期采用者往往是该领域产品的忠实使用者，不管是电子、科技、体育还是日用行业。你能从他们身上学到很多有用的东西，而且你也需要这么做。因为这两种类型的创新大多数涉及尝试新事物，教育很可能是建立受众的过程中重要的一部分。

如果是这种情况，你需要了解你的创新，知道那些是直观的，那些是需要解释的。

就拿 ATM 机来说，在其刚刚出现的时候，很显然需要详尽的使用说明，因为人们在生活中从未遇到过这样的产品，对它的工作原理一无所知。你会看到人们在 ATM 机前排着长队，带着疑惑的眼神仔细阅读屏幕上的每一个字，然后以惊奇的表情看着钱从里边吐出来。而现在，人们早已熟识这一过程。孩子们甚至以为钱就是从 ATM 机里造出来的。一旦人们对使用 ATM 机习以为常，用借记卡购物成为一个直观的飞跃就不难了。这就是知道了类似创新的采用率，会帮助你计划自己的市场参与战略，对于变革性创新或品类创新尤其如此。虽然在市场创新和运营创新上也可以这么做，但是这两种层面的创新往往已经部分被消费者熟悉，因此它们的造势更容易一些。

就以 Spanx 为例子。我们在第 2 章介绍了莎拉·布莱克利的塑身创新。就创新来说，她的产品的采用速度相对来说很快（她 2000 年由 5000 美元起家，在七年的时间里发展成了 1.5 亿美元的业务），如果没有朋友们的帮助可能不会这么迅速。莎拉不懈地请求她的朋友们去关注她的产品，她还号召她的朋友们去商店购买她的产品，这样商店就会订购更多。她还向她的女学生联谊会的姐妹们寄送了许多免费的样品，打电话给制片人和编辑让他们去"发现"她的产品。在第二年里，Spanx 便出现在了"欧普拉秀"（The Oprah Winfrey Show）、"今日秀"（The Today Show）、"观点"（The View）、"提拉·班克斯秀"（The Tyra Banks Show）、CNN 以及不计其数的其他电视节目和新闻频道上。同时，Spanx 还登上了《福布斯》(*Forbes*)、《财富》(*Fortune*)、《人民》(*People*)、《企业家》(*Entrepreneur*)、《造型》(*In Style*)、《纽约时报》(*New York Times*)、《今日美国》(*USA Today*)、《魅力》(*Glamour*) 和《时尚》(*Vogue*) 等报刊。不久之后，Spanx 有了一批追随者。这批追随者变成了 Spanx 的粉丝群，然后粉丝群变成了 Spanx 忠实的市场。

作为一家带着新产品的新公司，Spanx 不得不从零起步来建立起粉丝群。如果你已经建立起了品牌，那么事情就简单得多，尤其是如果你有一种方法让人们在购买你的产品之外还会与你联系的时候。这一点可以通过培训来实现，比如美国运通小企业创意中心（American Express Small Business Idea Hub）为企业家提供讨论和专家建议。作为持续的信息来源，该公司拥有引介新产品的天然平台。

雅诗兰黛在其主页上推出了一项奇妙的"让我们打扮吧"功能。它允许用户上传自己的照片，然后虚拟打扮新的妆容。使用不同的化妆元素诸如粉底、腮红、眼影和口红等，用户可以体验不同颜色和搭配，点击按钮就可以看到最终的效果。用户可以看到她们的妆容在显示器上发生神奇的变化。这么做的目的可不仅仅只是为了娱乐，它更大的价值在于帮助人们决定要购买的化妆品。而且，这项功能为公司提供了一个向忠实客户群推出新产品的平台。随着粉丝群的增长，这会极大地缩短产品的采用时间和改善投资回报。

这里的关键就是布道者。想想这种方式：如果你把一件事告诉两个人，然后他们每个人再告诉两个人，然后每天每个人再告诉两个更多的人，这样要不了几周的时间信息就会传播至50万人！而在我们如今数字化和社交网络的社会，更是远远超过这个数。如今，每一家公司，从雅培实验室到施乐，都有一个Facebook页面，上面有众多的"好友"关注。而Twitter在某些领域几乎是即时新闻车，比如出版、娱乐和体育。我们知道一位牙医，他让他的办公室在Twitter上给病人发信息，这样他们就能根据他诊室的排队人数而改变日程。他也是一位非常进步的人，会在他的诊疗室放映电影，因此他喜欢这种沟通方式也就不奇怪了。重点是，有这么多和消费者联接的方式，你几乎没有借口不将布道者运用为市场参与不可分割的一部分。

如果一家公司想要推出一种基于订阅的营销通讯，它可以首先推出免费版，鼓励收件人将它转发给同事们，只需要在主题栏写上"请转发"。如果这种产品并不差，那么人们会乐于分享给朋友和同事们，并且建议他们订阅。同样的方法也适用于页面、教育性文章或成功故事，如果它们包含有价值的信息的话。如果它是免费的，而且非常不错，人们会分享的。这就是布道者的妙用。一旦你建立了布道者，你便是为你的产品造了势。如果是这样，创新的采用会突然容易得多。

关于布道者我们还需要赘述一点。当我们谈论进入市场的时候，很容易将焦点放在技术上，因为我们是一个超级联接的世界。但是就像一位智慧的朋友曾经指出的，尽管我们有各种各样的"联接"，但是我们比以往看起来更加孤独。从本质上看，布道者即是人们因为非常喜欢某件事而想与他人分享。而且，这不仅适用于客户，它也能够应用于你的销售人员和渠道。

在一项创新推出之时，要让公司的每个人庆祝它、谈论它，让每个人都为其诞生而兴奋，不管是不是他们的产品或者属于他们的业务单元。如果使用样品是你的推广策略之一，不要止步于消费者，同时还要兼顾渠道、雇员和合作伙伴。

如果你的公司有四万雇员，而每个人仅仅告诉两个人公司推出的新产品或者服务，你可以想象影响力有多大。即使你的产品并不是人人都适用，但是说者无意，听者有心，谁知道你的客户会在哪里出现呢？有一位同事告诉我们她在飞机上的故事。她和坐在旁边的另一位乘客聊到了他的公司刚刚发布的库存跟踪系统。她把这件事告诉了她的弟弟，最后她弟弟成了这项技术的早期采用者之一。如果不是那次巧遇，她的弟弟很可能永远都不知道这种产品。

市场参与在于集合所有的因素——人和其他——一起将某种独特的东西介绍给世界。你肯定不想它仅仅是小小的涟漪，你想要它不断发展，冲出一切枷锁，最终席卷世界！创新不只是昙花一现的时髦。如果它独特、有价值并且值得交换，那么它就值得为之兴奋，而如果你为之兴奋，其他人也会。

闭合回路

如果你将市场参与看作一个永恒运行的回路，那么驱动这个回路的动力便是最后一个元素——源源不断的客户反馈。客户不仅给我们创新的灵感，他们让我们知道什么时候在正轨上，什么时候不在，什么时候我们需要稍稍调整来将优秀变成卓越。我们在之前谈论过的公司身上一次又一次看到这一点，但也许没有谁比亚马逊更理解这一点。事实上，该公司的业务正是建立于此。

在不到十年的时间里，杰夫·贝佐斯将他在车库里运营的业务变成了地球上最广为人知的品牌之一。亚马逊诞生于互联网时代，即使它的客户从未看到或者与一个真人交谈，它仍然因其客户体验和总体满意度而声誉卓著。

亚马逊曾经是世界上最大的书店，由于品类创新和运营创新的结果，它现在提供世界上最多的选择，你几乎能在上面买到任何东西。无论你是想买新的厨房用品或者婴儿服装，浏览每一个能想到的新的或用过的CD、DVD和书籍，或者为你喜欢的总统候选人贡献几美元，都可以通过轻点鼠标实现。只要你访问网站一次，当你回来的时候，亚马逊都会记得你的名字、你上次访问的时候买的物品以及你浏览的物品，并推荐其他你可能会感兴趣的商品以供你选择。

为了保持这种程度的客户互动和体验，需要通过不断创新来支持对客户喜欢什么和不喜欢什么的不断评估。亚马逊运用自己开发的软件和商业智能软件巨头SAS公司的软件，持续通过一种"测试和学习"的方法来评估每一种新产品、页面布局和搜索技术，使公司在"适应和进化"游戏中占据显著优势。

"我们花了很多精力去研究源于不同群体的创意是否会给客户体验带来积极影响，"亚马逊的全球数据挖掘高级经理戴安·N·莱（Diane N. Lye）博士说。"用SAS软件，我们分析所有的数据来确定不同的设计改进是否会改善页面质量，并最终改善总体客户体验。在一个典型的试验中，我们可能会用到70个指标。"这使亚马逊具备了在任何创新推出后迅速衡量其影响的能力。"当我们推出某种东西，"她说，"我们能够同时知道它能够为我们的业务和客户带来什么。"[11] 有了这种持续的反馈，亚马逊就可以在决定推广成功创新的同时限制出现的意外事情带来的风险。

当然，并不是所有人都具有亚马逊公司那样迅速评估创新的能力。所以，设计一种方法，找出客户在想什么，然后让他们成为你创新旅程的一部分就非常重要了。之前我们提到，福特公司曾招募了一百人试驾其嘉年华轿车，并在Facebook上记录他们的反馈。这项活动不仅帮助福特公司成功造势，而且使其收获了非常有价值的反馈信息。AAA汽车俱乐部有一项现场更换电池服务，是其创新性的"在旅途中"路边援助项目的一部分。随后，一位汽车俱乐部的代表会打电话了解一切进行得如何，获得即时反馈。

建立产品的反馈机制和新产品的发布会一样重要。运用当今的科技，其建立变得越来越简单。事实上，如今要收集几乎任何产品、服务或者公司的意见简直是易如反掌。只要你做就会有收获，可能比你预期的还要多。但是，正如你收到的大量意见能够激发创新的开始，这种反馈信息是你需要用来闭合回路和保持能量流动的信息。当你这么做，你就是在帮助创新挖掘其全部潜力，并使它慢慢变成新的增长途径。你需要做的就是掌控这一切，让反馈信息带领你、你的公司和你的客户到达新的高度。

警惕激活陷阱

到现在为止，我们已经谈到了在市场中取胜的基本步骤：拥有合适的产品、倾听客户和消费者、沟通价值、建立布道者以及不断收集客户反馈。我们知道这些。然而太多的时候我们功亏一篑，是因为我们一直陷于过时的方法和思路，更多是以产品为中心，而不是以客户为焦点。这对于创新来说毫无用处。在结束本章之前，我们还有一个故事要分享。这个故事是关于一家公司一度迷失，然后找到其方向，从消亡边缘拯救了一项优秀创新。我们都可以从这个故事中学到很多，并带给我们更多希望。

当伊士曼化工公司（Eastman Chemical Company）开发出一种突破性的硬质包装材料，公司知道它有一些特别之处。有了它，公司可以制造食品包装级的大包装箱，有良好的透明度，而且有塑造一体化把手的设计灵活性。该产品于2003年推出，以传统的市场细分、定位和促销技术来支持。虽然客户的兴趣很高，但不幸的是，收益却上不去。最终，调查显示虽然客户喜欢这项创新，但还没到让他们购买的程度。

面对失败，伊士曼认识到了三个原因：（1）公司的文化一直沉浸于制造业的传统，为创新的激活设置了更多障碍而不是支持；（2）营销在战略增长举措上几乎没有投入，所以整个团队只见到产品，而不是客户；（3）伊士曼的推出策略没有基于任何客户洞察力。简而言之，它不仅需要弄清楚其在市场上的位置，还要知道如何执行其计划。为了解决这些问题，它必须找到自己的方向。在一家全球性管理咨询公司摩立特集团（Monitor Group）的帮助下，它进行了一些调整。[12]

在此之前，伊士曼识别市场机会主要是通过关注可塑性和材料流程等产品属性以及透明度、灵活性和价格等功能利益。换句话说，仅仅是特性/利益游戏。其市场细分也只是简单的大型、中型、小型等。然而，新战略让组织将注意力不仅集中于直接包装客户，同样还关注供应链下游的其他成员，包括品牌持有人、零售商和消费者。

以这种方式开阔视野，让伊士曼能够看到谁将最看重一项创新的属性，比如设计灵活性，并且愿意为其支付价格。公司发现，一直以来它认为最符合逻辑的市场——包装制造商们——只对该创新的一个很小的利益感兴趣。对于这些客户来说，它不值得花费额外的成本。有多少次我们这样做——待在我们舒服的区域，而当我们在那里失败的时候，却假定这是创新的错？

幸运的是，在摩立特的帮助下，伊士曼避免了这一陷阱，并找到了品牌持有者。饮料公司们一直在竞争消费者的注意力，它们正在寻求一种能让其产品从拥挤在商店货架上的普通瓶子中脱颖而出的容器。更好的是，它们愿意为其买单。

带着这种洞察力，伊士曼开始和那些品牌持有者们洽谈。与其传统方法更是大相径庭的是，它还开发工具来帮助潜在客户将该创新卖给它们的内部利益相关者。伊士曼的销售队伍能够使其覆盖面超出其联系，进入潜在公司客户的内部，这还是第一次。战略收到了回报。2006年，创新性的石榴汁生产商POM Wonderful公司成为了伊士曼的第一位客户。当POM推出其新包装之时，装在那具有透明把手和其标志性的8字形瓶里的果汁销售火暴。《新闻周刊》称POM公司"将难看的石榴转变为拥有了佳酿的风度"。

当POM吸引消费者的注意之后，其竞争对手们也被吸引。伊士曼的下一步便是和全球性的饮料公司合作。伊士曼现在正式拥有了一项满足所有标准的创新：它是独特的，它是有价值的，它也受到品牌持有者和消费者的一致好评，绝对值得交换。当然，如果公司没有认识到从内部激活其员工的必要性，并为其创新作出必要的改变来识别和参与正确的市场，这一切都不会发生。

你不会总是第一次就做对，但如果你有勇气再次尝试——将你的创新与你的客户和你的商业需求结合起来——你能将看似失败的事情变成巨大的成功。

第 10 章

激活你自己

就位，预备，出发

不要试图没有梦想、没有希望、没有目标
就实现人生的成功。
——路易斯·诺沃亚·纳兰霍

　　2002 年 5 月，岩田聪成为了任天堂株式会社的社长，是该社自 1889 年山内房治郎创立以来的第四任社长。这位新任社长年仅 43 岁，他一生中的大部分时间都在为这项工作做准备。在高中时期，岩田聪就制作出他的第一款电子游戏。还在东京工业大学学习期间，他找了一份销售计算机的工作，就为了能够整天与之为伍；毕业后，他与几个志同道合的"计算机狂人"一起，组建了一家软件开发公司，取名 HAL 研究所。他的家人并不赞成他进入这个行当，岩田聪说："在得知我加入 HAL 后，我的父亲六个月没和我说话。"[1] 所幸这未能阻止他。

　　尽管父母对此忧心忡忡，岩田聪的才华却从一开始就显现出来。作为程序员，他充满激情而又敏锐；他编写的代码简单而优雅，赢得了其他程序员的顶礼膜拜。除了程序开发，他还具有其他天赋，那就是对游戏产业的敏锐直觉，而且也许还有命运之神的眷顾。HAL 研究所的主要客户任天堂当时刚刚发布了"红白机"（Family Computer），这个在美国称为任天堂娱乐系统的游戏机，即将改变整个游戏世界。在接下来的几年里，岩田聪和他的团队为任天堂开发了多款经典游戏。尽管如此，HAL 的发展并不乐观。1992 年，公司濒临破产，岩田聪临危受命，成为新任总裁。岩田聪果断行动的能力不仅使 HAL 转危为安，更引起了任天堂时任社长山内溥的注意。其实，岩田聪一直受到密切关注，他力挽狂澜的杰出表现，最终将他导向了他似乎注定要走的道路。当他在 2000 年加入任天堂，成为公司企划部主管的时候，他不仅拥有丰富的经验，他还有一个计划。

随着顶尖技术的演进，游戏正变得日趋复杂。这意味着游戏的开发费用越来越昂贵，其结果就是整个行业盈利能力的下降。岩田聪认为这是一个负面趋势，并觉得这不是客户真正想要的。大多数游戏以完整的故事为背景，且难度不低；其难度让一部分休闲玩家望而生畏。而对于真正在玩的玩家来说，顺利通关，故事玩过一遍，也就失去了再玩的兴趣。岩田聪的目标是，将新一代游戏设计得更容易，让玩家真正觉得好玩；即使是新手也会有重玩的乐趣。而且，通过给客户想要的东西，不仅缩短了开发时间，又缩减了开发费用，公司利润自然会增长。这是回归基本，而且它成功了。

到 2001 财年结束，任天堂的销售额与上一年相比飙升了 20%，达到 44 亿美元；其利润更是增长了难以置信的 41%，达到 9.53 亿美元。[2] 辉煌的业绩使岩田聪轻而易举地在 2002 年获得了山内溥的提名，成为他的继任者。

此后，在岩田聪的带领下，任天堂吸引了数十万新玩家进入游戏世界。岩田聪所提倡的"开发简单好玩游戏"的创新理念，促成了游戏机史上最成功的产品之一的开发——Wii 游戏机。从引入概念，到开发产品，Wii 总共耗时五年，上市之初就引起了巨大的反响。玩家都爱它简单的操作、新奇的体验以及系统的包容性，让 4 到 8 岁的儿童也能轻松地学会使用。虽然画面稍显平淡，并不特别精致，但似乎并没有人介意。Wii 游戏机将运动加入视频游戏中，让电视变得无所不能，模拟保龄球场、网球场、拳击场，还有海底教室，充满了埋藏的珍宝。最棒的是，全家可以一齐上阵。它简直是完美的，其他游戏机望尘莫及。

Wii 游戏机在 2006 年 9 月推出，它到当年的年底就销售了超过 300 万套。事实上，销售如此火爆，以至于在许多店里，新品一经送到立即销售一空。到 2007 年底，任天堂的净利润增长了 5 倍以上。到 2010 年年中，全世界已有超过 7300 万个家庭购买了 Wii 游戏机，使任天堂游戏主机的市场占有率跃居行业第一。[3]

然而，成功有时候也会带来它自己的问题，任天堂也不能幸免。在 2009 财年，公司经历了六年来的首次利润下滑，当年利润"仅"为 24 亿美元。[4] 爆炸式的扩张，过度占用了公司的资源，致使公司无力开展创新。尽管如此，多亏了岩田聪，他并未对这些问题熟视无睹。他与其他公司结成伙伴以缓解一部分压力，然后他再一次将任天堂的重心放到了创新上。随着新产品不断出炉，毫无疑问，任天堂会有更多惊喜出现在商店里。

担任任天堂社长以来，岩田聪一直表现出激情、专注和对市场的敏锐直觉。他的成功并不靠大规模和广泛的投资换取一些项目上的回报。他的成功在于回到基本、建立合适的团队，以及看到客户真正的需求；在于胆量过人和独具匠心，创造独特、有价值而且具有商业可行性的产品；还在于富有勇气的领导力和远见。

创新激活计划

任天堂的故事以及我们谈论的许多其他公司和领导者的故事充满了经验教训，也有通过创新来创造更美好未来的希望。我们希望，通过他们的例子和我们的指引，你也能获得成功！因此，与其在这最后一章画下休止符，我们更想要打开一扇门，使你迈向创新的征程。我们想要激活你写下自己的故事。

在整本书中，我们讨论了你要做什么来将创新与你的战略、领导力和公司整合在一起。现在是时候将这些知识转化对你的公司来说可以操作的思维。它从你开始，演进成一个不断扩大的圈，从领导者到公司，从公司到客户，再回来。每一个成功的步骤将使你更接近最终的奖赏：可持续增长。

为了帮助你实现它，我们设计了一个"创新激活计划"。这个计划包括五个明确步骤，它会作为一幅路线图，一步一步指引你提高创新领导力，并帮助你将本书中的原理和框架融入你公司的基因。

对于一部分人来说，他们的经营已经非常好了，只需小小的几个改变和增加一些扩展思维。对其他人来说，这可能意味着对现有管理模式进行大修。像任天堂一样，你甚至可能需要开创一条全新的道路，一条其他人不愿意走的路。然而，从今天的以公司为中心，转移到以创新为中心，其实并不容易。这意味着公司的核心文化必须改变，它要求每一分子都要参与其中，特别是最高管理层。虽然其过程可能并不平坦，但是目标确实可以达成。我们曾经眼见为实，也曾经亲身经历，相信你也能做到。

就　位

《孙子兵法》有云：夫未战而庙算胜者，得算多也；未战而庙算不胜者，得算少也。无论是何种竞赛，做好准备都是获胜的关键。今天，要想在商业世界中突出重围、引领潮流，唯有赢得创新之战。无论你是将军还是首席执行官，都得充分准备。

接受义务和承担责任。"我负责。"在领导力的语言中，这是最有力的三个字。接受你为你个人和你所做的事情最终负责的事实，会成为你职业生涯最重要的一个转折点。

比起普通员工，领导者更应该为他们所做的事情、所见的事实和所影响的人群负责。谈到责任，我们的信念是，领导者应该对自己要求更高的标准。这是因为，领导者处在较高的位置、拥有更大的影响力和权威性，他们的言行会放大数倍，影响许多人的生活。

所有的领导者都可能被赋予重任，当然，肯定也会被给予权威性。然而，没有人能给另一个人责任，只有你接受并承担起来才是责任。领导力以及随之而来的责任是一种选择，是你接受的一种心态。成为一名领导者，并不是因为你的权威性；你成为领导者是由于你选择如何使用它。有些时候，这意味着为你没有参与其中的事情或结果负责，或者为在你控制之外的事情承担责任。其实，如果你参与创新，几乎可以肯定会发生在你控制之外的事情。当这种情况发生时，你不能等候命令、担心公众舆论或者权衡个人得失。你的行动应该最符合公司和员工的利益。你支持创新进程，你的行动将带来举足轻重的影响。

当伊莎贝尔·诺沃亚·庞顿（Isabel Noboa Ponton）在1994年失去父亲的时候，她陷入了一连串麻烦当中，这些棘手的事件，甚至会让最有成就的商业巨头备受煎熬。虽然她几乎没有任何商业经验，但是她的表现却颇有乃父之风。伊莎贝尔的父亲路易斯·诺沃亚（Luis Noboa）是一位白手起家的亿万富翁，当他去世的时候，他已经将香蕉出口的单一生意变成了一个包括船运、地产和银行业务的商业帝国。在历经漫长而艰辛的遗产继承风波之后，伊莎贝尔最终拿到了7000万美元，她与丈夫一起回到她在厄瓜多尔最大的城市瓜亚基尔的家，开始兴建一座面积100万平方英尺的购物中心和商务综合体。它于1997年竣工，是当时南太平洋海岸规模最大的商业中心。

这件原本值得庆祝的事情，却不料很快变成一根喉咙里的鱼刺。1998年，伊莎贝尔的婚姻面临崩溃，她一边试图挽救，一边全面接管了商业集团。而在同一年，厄瓜多尔的经济崩溃了，其货币贬值率超过88%，国家因此陷入了有史以来最严重的财政危机。当时，商业中心根本还没有任何商户入驻。伊莎贝尔不畏艰难，勇敢面对：她召集员工，请求他们同意，放弃增加工资的要求，直到度过经济危机；而她则作出承诺，将尽力扭转局势。她说道，"我们按团队来工作，分别负起责任，并作出承诺，绝不让其他依靠我们的人失望。每个人都明白，这不仅仅是我个人的公司，也同时是大家的公司。"艰苦的努力终于有所回报。从那时起，她的地产王国就一直在扩张，陆续开设酒店、医院。她又在商业组合中，加入一座食糖加工厂，并在厄瓜多尔的可口可乐罐装厂持有股权，这两项投资的价值超过5亿美元。今天，她已成为厄瓜多尔最受人尊崇的商界领袖之一。

伊莎贝尔在面临经济危机的困境时没有怨天尤人，也没有向当时看来几乎不可扭转的局势低头屈服。她相信，承认失败，就是将创造幸福和成功的权力拱手相让。接受责任，就意味着从那一刻起，拒绝以任何理由来责备或埋怨他人。当你为某一状况担起全责，也意味着你有权为此设计解决方案。事实上，在绝大多数时候，你无论如何必须去做，不是吗？所以，在开始为自己的绝妙主意居功自赏的同时，也在事情出现问题时负起责任吧。那么从现在开始，无论发生何事，对你自己说，"由我负责！"

倘若承担责任还不是你的长处，那么现在就开始为增强责任感草拟一个起步方案。方案应涵盖包括创新在内的各个方面。在哪些方面作出改变呢？先设定工作的轻重缓急和时间表。然后确定其他人都知道，你对此负全责。为了确保你在正确的轨道上，问问其他人，以确定你已经明确地沟通了你的承诺。人们需要在智力和感觉上都知道，是你在领导他们。

识别创新愿景。回忆一下童年时期，你是否曾为长大后想做什么而幻想，编织冒险和奇遇？那其实是右脑思维，它在自由探索种种可能。现在，你需要再一次进入同样的感觉，因为尽管责任是创新领导力的良心，而愿景则是其灵魂。所以，你现在需要的是一个愿景。

在第1章，我们概述了创新的四个层面：变革性创新、品类创新、市场创新和运营创新。我们也说过，要建立可持续的增长，你任何时候都需要在三个及以上层面上参与创新。以此为基础，让我们为你的公司设想一个愿景，时刻将创新放在最上头。

首先，识别总体的以客户为导向的焦点，用来指导公司的创新活动。任天堂想要让简单、好玩重回游戏世界；这是推动公司一切计划和行动的愿景。太平洋天然气和电力公司则希望电力生产变得更容易，且成本更低。美康食品公司想为专业厨师和家庭提供健康和方便的食材。当你找到这种方向时，就可以开始评估各种项目、营运、渠道绩效，以确保所有这些方面的焦点都在于愿景的实现。

当你识别出公司的愿景之后，就要把它应用到创新的四个层面。现在，为每个层面建立一个栏目，在其中记录"现在情况怎样？"、"现在应该如何？"之类的问题，用创新来表述愿景。举例说明，你的公司和苹果一样，你的愿景是简单，那么就让简单作为一项创新目标，将运营的焦点转向化繁为简。对于市场创新也是如此。想一想在包装、采购、提供服务或解决问题方面，能采取哪些措施来简化流程？如果你的主要职能是促进沟通，那么你的创新是加强公司内外的联系，还是在公司和客户之间设置技术层？以公司采用电话自动答录机来应对客户一事来说明：从公司角度看，可能会为运营带来些许方便；但是从客户角度看，可能没有人不深表遗憾，此举必定造成客户流失。这即是这项练习的用意——帮助你开始看到客户、愿景和多层面创新如何结合在一起。这三者都需要协调一致。由愿景所驱动的创新，必定成为伟大的创新。

联接创新愿景与公司总体愿景。设定基于客户的愿景很关键，但是，倘若该愿景并不同时服务于公司，那么它们绝不可能结合在一起，驱动公司的增长。这种情况下，就需要运用三个W的方法来完善激活计划。这个方法不仅适用于将我们在第4章介绍的单个创新项目结合在一起，而且还适用于结合公司总体愿景和创新愿景，使其方向一致。

在上一步的基础上，深入洞察现有及潜在的客户群，并将细节填在"谁"这一圈中。一家新成立的名为WePay的公司希望通过允许用户建立群体账户的方式，解决从同学会、单身联谊聚会、合租室友等群体收钱的问题。运用这项建立在贝宝（PayPal，全球最大的在线支付平台）基础上的创新支付方式，群体管理员就可以设定款项数额、支付截止日期及其他细节，再发送一份账单或付款通知，然后WePay公司就可以收取款项了。任何群体都可能成为该公司的潜在用户，包括业余足球队、慈善募捐项目或瑜伽工作室，都在其服务范围之列。

在知道了"谁"之后，你需要在"为什么"的圈中陈述你的商业计划。为什么它具有商业意义？公司最关键的需要是什么？WePay公司需要增加客户数目以及增加总收入。美康食品公司则要实现从满足需求到创造需求的转变。你的公司有哪些需要？创新如何带来解决办法？

回答上述问题，会帮助你认识到你在企业生命周期中的什么位置。一项产品、一个部门、一项业务或者整个公司，都可以应用企业生命周期来分为五个阶段。我们将这五个阶段依次称为：启动期、成长期、加速期、成熟期和衰退期。每一个阶段都有自己面临的问题，这些问题可以通过创新来应对。在表10-1中，我们列举了一些最困难、最紧迫的问题，并针对这些问题提供了你应该考虑的创新类型（按照重要性来排列）。请注意，运营创新在企业生命周期的每个阶段都列出来了。这是因为每个公司都应该不断关注和改善其业务的运营。这个理由再简单不过了！

在识别了公司的客户群体及公司在生命周期中所处的阶段之后，你可以解决"什么"这一个圈了。你试图解决什么问题，或者你试图通过创新获得什么优势？你能够运用什么技术？仔细看看你手中已启动的创新项目。它们是否服务于你的愿景和你的客户？这些项目与公司当前在生命周期中所处的阶段和需要是否一致？有哪些基于客户洞察力的创意，已出现在脑海里却还没有启动？也许WePay公司可以为各种活动开辟临时网页来

表 10-1 企业生命周期

阶 段	问 题	创 新
启动期	生存 获得客户 建立立足之地	变革性创新（这可能是公司启动的动力） 品类创新（新市场或新应用是企业的基础） 运营创新（设定最高效的流程）
成长期	加速 增长 效率	市场创新（新的迭代能够在额外成本很少的情况下增加收入） 品类创新（在保持持续增长和发展方面有重要作用）运营创新（不断评估运营机制的效果）
加速期	高收入，低利润 低效率 空闲时间少 过分扩展资源	运营创新（对增加盈利能力很重要） 市场创新（对增量快速增长有重要作用） 品类创新（对保持活力及扩张有重要作用） 变革性创新（现在对于投资发展很关键）
成熟期	处于销售高峰 在安逸环境中静止不动 失去激情 失去老客户 缺乏新客户 害怕"扰乱现状"	品类创新（希望发展仍然有持续性，并建立新的客户群） 运营创新（需要保持竞争力和对客户的关注） 市场创新（持续关注生产力） 变革性创新（必须投资于创造未来）
衰退期	客户群丧失 面临裁员 失败主义的态度	市场创新（这是度过难关的主要方法，除非有较大规模的创新出现） 品类创新（必须停止衰退） 运营创新（可以用来产生利润，但不是单一的解决之道） 变革性创新（如果现在投资，应该由它们开始掌控；如果不是，它们可能没有时间渡过难关）

增加收入来源。一方面，增加现金流有益于公司的周转，会让刚起步的公司生存下来；另一方面，这也有助于扩大客户群体。当你进行这一步的时候，可以把想到的任何主意记下来。稍后，随着你进入创新激活计划，你就能够利用这个工作来帮助你建立战略和设定优先事项。

开展创新差距分析。 大部分人对差距分析的概念都有所了解。它用来评估现在所处的位置和你想达到的位置。中间缺少的就是差距。对于创新，你需要关注三个方面，对创新的准备程度有一个清晰的认识：领导力、环境和路线。

领导力。虽然你是创新最终的负责人，但是你也需要培养并选拔适合的领导者，协助你去执行愿景。贯穿本书第二部分，我们讨论了领导者的思维风格、个人特征以及能力，包括不同层面的创新所需的特质。

现在，你已经确定了公司愿景以及该愿景如何与你的商业战略相匹配，你需要建立你的创新团队。首先，根据第 7 章列出的每一层面创新的领导力特征，列出你希望纳入的属性。然后，列出你想要你"领导梦之队"中的每一个人都具备的以创新为焦点的品质。这里有一些例子：

- 有能力驾驭全脑思维模式
- 寻求更好的办法；挑战传统来引出新想法
- 融会贯通，能够识别邻接行业
- 能预测和缓和风险
- 能激励他人
- 在现有商业战略上加入新创意
- 了解客户需求所属的具体领域
- 致力于提供非凡的客户体验

不断向列表中添加特质，直到对你需要的人有了全面的了解。然后评估你周围的人，看看距离"梦之队"还有多远，也就是进行差距分析。你是否有一个优秀的组合，其中囊括有大局观的品类专家、市场魔术师以及体察细节的运营管家？你是否需要一个内部变革领导者，或者该功能最好慢慢孵化还是来自外部合作？

早先我们谈到了 A. G. 雷夫利先生，以及他如何运用人才组合来监测公司的两百名高管。这是一项十分耗费精力的工作，但他对于培养合适的领导者来驱动创新的执著，周围的每一个人都清楚。伟大的领导者要求伟大的领导力。这就是为什么我们讨论过的许多领导者在接手之初都会做一些严肃的"房屋清扫"工作。在几个案例中，三分之一以上的高管人员在头一两年就遭撤换。在整顿平息之后，出现的是一个紧密团结的团队，将精力集中于一个愿景和一个目标：通过创新来实现可持续增长。

环境。环境，或者你企业的文化，是列表中的下一项。在整个第二部分以及第8章，我们探讨了创新过程中企业文化的重要性。创新只有培育才会茁壮成长，唯一的方法是足够关心你所带领的人，将他们看作有价值的人。他们是你的责任，所以为他们提供最好的工作环境，是你职责的一部分。

你现在的任务是设想你觉得理想的创新文化。我们这样做的时候，有一些条件是应该提供的：能启发灵感的物理空间、智力刺激、个人和职业经历的丰富、创造的自由、责任和个人职责，等等。条件的多少则看你的意愿，不过最好描述出必要的细节。让你的右脑充分发挥想象力。当你完成的时候，将理想的画面与实际的情况进行比较，也做一个差距分析。它们有多么不同？有什么因素阻碍了想象变成现实？

按照实现的难易程度列出这些条件，然后承诺设定一个改变的时限，并将其与你的员工分享。如果你需要一些灵感，返回第2章，再读读彼得·达比在太平洋天然气与电力公司的故事。他做了我们要求你去做的事，与安吉拉·阿伦茨在巴宝莉、岩田聪在任天堂、比尔·福特在福特汽车所做的如出一辙。我们知道这样做一定会取得巨大的成功。人才可谓是创新的心脏。创造一个支持创新的文化，可能是你能够留给企业的唯一最重要的遗产。

路线。在确定了你的理想领导团队和创新文化之后，最后的步骤是评估你的路线。你需要看看你的创新思路或项目与之前确定的"谁"、"什么"和"为什么"结合得如何，并且它们是否支持公司的总体愿景和创新战略。这一步可能会让你真的大开眼界。有时候你会发现，一个最偏爱的项目竟然与公司愿景完全不符，而另一个看似微不足道的项目最终却对企业产生了巨大的影响。

随着近期的经济不振使人们支出减少，零售商们心急如火，力图挽救让人沮丧的销售额。商家们尝试了一切绝招，从高折扣到巨星设计产品线，却往往徒劳无功。美国的诺德斯特龙百货公司却是个特例。这家一直以客户服务而享誉世界的公司，并没有实行革命性的变革，仅靠改变库存方式，就解决了所有难题。它将网站和实体店的所有库存，融合成一种卓越的、透明的购物体验，受到人们的欢迎。这可能看起来不是革命性的，但这在零售业非常罕见。

利用新系统，诺德斯特龙的购物者可以在网上查询一件商品的库存情况，看看附近的实体店是否有库存，然后就可以预订，并在当天提取。如果你在网上看到某件商品，而唯一的存货在三百英里外另一家诺德斯特龙百货店的货架上，工作人员会将其运送给你。如果公司没有一次性在网上链接和展示其所有的货品，这样的销售将不可能发生。诺德斯特龙直销公司的总裁杰米·诺德斯特龙表示，"这项改变带来了一些非常有意义的结果。"事实上，刊登在2010年8月23日《纽约时报》上的一篇报道中提到，诺德斯特龙是去年同店销售额上升最快的百货商店之一。仅在十一个月里，同店销售额平均增长了8%；相比之下，上一年下降了11.9%。

更重要的是，该创新与公司传递最佳客户服务的愿景完美地结合在一起，同时它也实现了收益的增加。价格折扣不会有这种结果，更多设计师产品也不可能做到。在审视你的路线的时候，问问你自己，你的项目与你的创新战略有多么匹配，然后移除任何不属于该战略的项目，并迅速开展那些基于风险分析具有最大潜力的项目。

在完成评估之后，将项目归类于恰当的创新层面，确保你有一个优秀的组合。你进行筹备的项目组合，是偏重于运营创新而轻视市场创新吗？你需要进行品类创新吗？（既包括内部独立开发的，也包括与其他公司、团体合作开展的项目。）就像我们常说的，变革性创新并不适于每一家公司，但是你也应该密切关注，有没有紧随其上的机会。要确保你的团队在长期战略中包含变革性创新的探索。说到战略，差距分析的最后一块已经就绪，你应该对创新的准备工作十分了然了。弄明白"可以做什么"，接下来就该进入"将要做什么"了。

预 备

如果是孙武继续指导我们创新的话，他可能会说，"既然你已经提出了问题，想出了答案，分析了优劣势，那么是时候制定计划了。"他的指导是正确的。制定创新战略是每一家公司，无论规模大小、所属行业、所处生命周期中的哪个阶段，都应该放在优先事项表最顶上的任务。倘若没有创新战略，恐怕连最棒的计划也只能是空谈，而不会向前发展。倘若不用文字的形式将创新战略确定下来，你就不会严肃地对待创新，或者期望其他人也严肃地对待它。你已经看见了愿景。现在是时候在画板上展现了。

制定创新战略。当今商业思维存在的一个通病是运用一套千篇一律的流程，对于创新来说更是如此。每个企业有自身的特性与行事之道，每位首席执行官也会在构想愿景时加盖自己的印章。这就是为何本书以一种框架的形式呈献，你可以在此基础上打造自己独特的创新。虽然制定创新战略的关键性不容置喙，但是如何打造则由你自己决定。你的流程应该是你和你的员工所熟悉和感到舒适的。在不设限制的"蓝天"思维与真实世界导向之间要很好地平衡；最重要的是，要运用你的全脑思维！我们也建议你包含以下三个步骤，以保障计划向前推进，避免创新使命失败。

1.设定创新优先级。每个公司的资源都是有限的。这意味着要将最多的资源集中在你最具有优势去解决的问题和准备得最充分去探索的机会上。这意味着设定优先次序。在制定计划时，一定要在以下关键方面设定目标并优先安排：

（1）创新头脑风暴、风险管理、资金筹集和三个圈的结合
（2）协同领导、开发、合作与问责
（3）通过文化与沟通激活公司和客户

在着眼于长期创新的同时，也要照顾企业的短期需要。想获得成功，长期目标和短期需要都是必要的。比方说，创新的优先事项可能是更有效地传播新技术、新工艺和新思想，从而提升整个公司的创新能力，也可能是致力于培养未来的产业。领导层的目标可能是，承诺让每个同伴每年至少负责一项创新改革方案。在激活创新方面，你可以发展合作性的企业文化，不仅在内部加强合作，而且在研究、行业和学术领域拓宽合作的范围。如果你基于创新、领导力和激活这三个支柱来安排优先次序，就可以确保发展的整体性，不会出现因有所忽略而影响总体增长。

2.设立成功指标。虽然对成功来说创新是如此重要，但令人吃惊的是，《财富》1000强公司中，只有大约三分之一的公司拥有正式的创新度量体系。而这些公司也从未对最佳指标达成共识。原因并不在于缺乏尝试。围绕创新已经建立起完善的咨询服务。更大的问题可能在于创新本身，它度

量起来确实并不容易!

指标,从本质上讲,其结果由数字来规定。虽然我们有时候努力尝试,但是创新不能——或者更准确的说法是不应该——仅限于用数字来衡量,至少不能完全这样。这就是说,如果用数字来驱动创新,所得的结果不是有启发性的创意,而是数字和大量的警示。从另一方面来看,仅用各种各样的成功事迹、领导层参与、工作场所态度的改善等描述性的软指标来衡量创新,这样做也不充分。就像创新本身一样,度量体系运用全脑思维的方法才能得到完美的发挥。这意味着要运用定性(右脑思维)的与定量(左脑思维)的度量体系来应用于创新、领导和文化三个方面。

首先,看看有哪些决定投资回报率的因素。特别是要识别出增加积极商业回报的因素和减少必要投资的因素。还要考虑,有多少资本将要投资于以创新为焦点的活动,比如为创新路线提出和发展创意。然后确定这些努力的实际效果。现在,从外部获得理念和技术对于保持健康的创新流动日益重要,特许权使用、知识产权和许可权可能会对公司财务产生显著的影响。比如我们之前谈到的 JVC 公司,很早就授权了其技术,给公司带来了数十亿美元的特许权使用费。

建立财务指标时要谨记,金钱只是创新的一部分。不要忘记,变革性创新以及在许多情况下的品类创新,往往取决于金钱以外的其他度量体系。投资回报率可能在几年之内都无法准确计算。因此,对于长期项目,更多的是应该考虑取得的里程碑以及吸取的经验教训。虽然以投资回报率来衡量创新很重要;它们为管理创新提供了财政方面的纪律,也有助于证明战略举措的价值。但是,它们不能成为确定创新战略成功的唯一依据。

除了财务指标之外,还要看看文化指标。可以通过考察参与创新人员的增减和评估仍然存在的障碍来确定文化变革举措的效果。例如,3M 公司允许员工将最多 15% 的工作时间用于探索新项目。其结果是,公司 35% 的收益来源于过去四年里开发出的新产品。[5] 在这一方面,定量指标应以活动为导向,比如有多少人参与创新、有多少人接受了关于创新准备和激活的特别训练,等等。另一方面,定性指标需要与工作场所的变革、员工/客户互动、创新激活的成功故事联系在一起。创新也需要激励,所以,分享振奋人心的事迹就显得很重要了。

我们希望你考虑的最后衡量标准在领导力方面。这些指标针对高级管理层和领导者们，他们的行为应该支持创新文化。这包含对具体发展举措的问责。比如，相对于日常运营来说，高管们在战略创新上花费了多少时间？他们接受了多少针对创新的特别训练，包括风险评估、创新联合以及路线开发等？如果公司正在培养创新领导者上下工夫，那么他们其中的大部分人应该成为公司新品类业务的领导者。当他们在你的指导下成熟起来，这自然也应算在创新成果的衡量范围之中。

不管你开发的是什么流程，切记保证关键利益相关者的参与和支持。利益相关者仅靠评估报告来了解企业的发展状况，所以在设定度量体系的时候，应该让他们参与进来。要确保度量体系的审查成为持续进行的流程，以从你组织的成功和失败中捕捉洞察力。作为创新战略的有机组成部分，度量体系可以成为有价值的指示器，显示出企业以创新为中心的程度。如果运用得当，度量体系也可能成为你所需要的激励机制，将一个"以自我为中心"的文化转变成鼓励"我为人人，人人为我"的信念源泉。

3. 发展透明沟通。1666年，大火几乎把伦敦夷为平地，英国最伟大的建筑设计师之一克里斯托弗·雷恩（Christopher Wren）受命主持圣保罗大教堂的重建工作。这样巨大的工程，需要令人振奋的构想、数吨重的石料和数百人的努力，才能让它起死回生。下面介绍的小故事发生在1671年的一天。那一天，雷恩在勘查项目的时候，遇到了三名正在脚手架上干活儿的石匠。第一个人正蹲在石块上干活。雷恩问他在做什么。

他回答说，"讨生活。"

第二个人正拿起一块石头往上放，雷恩又问他同样的问题，"先生，你在做什么？"

"我在砌墙，"这个人回答。

最后，雷恩转向第三个人，他正站在那儿，肩负一块巨大的石砖。当雷恩问他同样的问题时，他挺直身体，然后回答说，"先生，我正与雷恩大师一起，为上帝的荣耀兴建一座伟大的教堂。"

这个故事里有一点值得我们所有人借鉴。那就是：如果你想知道沟通的效果有多好，就去问问员工们都在干什么。倘若他们还没意识到自己正参与一项伟大创举，那么就像大多数领导者一样，你得让创新沟通成为战略计划中不可或缺的组成部分。尽管新时代沟通手段的种类急剧增加，但是在大多数公司，关于创新战略的沟通，包括其目标、义务和整体参与等，依然非常薄弱。

其原因部分是由于现在人们每天要接收过量的信息。有这么多信息要过滤，人们怎么知道哪些是重要的呢？另外，创新沟通还受到一种被比拉尔称为"赶时髦综合征"（flavor of the month syndrome）的影响，其解释为，管理层宣布开启一项新项目或新举措，后续进程却没能跟上，或没有提供必要的后续资金。为了确保员工知道项目的进行，知道对他们的期望以及他们在总体愿景中的位置，你需要以一种有意义和有用的方式，不断告知员工事情的进展。

有市场研究显示，一条信息至少需要重复七次，人们才能真正理解并比照执行。因此，当你不断地传达一致和透明的信息，就一定能看到沟通的成效。员工的行为开始发生变化，反映出管理层在实现创新愿景上的承诺。事实上，按照易安信公司（EMC Corporation）——世界第一大信息存储和解决方案公司的首席执行官约瑟夫·图奇（Joseph Tucci）的说法，没有什么比沟通更重要的了。

在一次《商业管理》（Business Management）的访谈中，他谈到了他的公司在经济衰退时依然取得成功。他把其中大部分的成功归因于让人人都融入公开和坦率的进程。他说道，"在关于创新愿景和战略的沟通中，你既要真诚，又要现实，还要有理有据。例如你可以这样说，'如果我们这样做，就会出现一种结果；如果我们那样做，又会是另一种结果。'你要坦率地指出现实处境。比如说'我认为情况会是这样，而实际进展更顺利。'或是'我认为情况会是这样，但是由于那些原因，导致结果未达到我们的期望值。我们现在要从以下方面作出努力。'我认为，只要你开诚布公，无论来自世界上哪个地方的人，都会有所回应。然而一旦他们认为你在忽悠，那么你就失去了他们。"[6]

在创新参与的过程中，这种透明度至关重要。所以，在创新战略中，要制定一个计划来促进公司各层面的沟通。强调创新的重要性，并突显每个人在公司战略框架中的位置。借助各种沟通渠道，包括电子邮件、会议、公司期刊、简讯、视频短片，甚至公司的社交网络站点（比如

Facebook），在很长的时间里连贯和不断地沟通。除了让每一个人都知情、融入和参与，不断的沟通也为审查战略计划、评估项目以及在整个组织内设定对于创新重要性的期望方面创造了平台。换句话说，你的公司不会只是充满砖瓦匠，你将有一群团结在一起的艺术家。

出　发

从本书第一页起，我们的目标就是，用一种启发你的思维和激励你的整个组织的语言和框架，将你带到使创新成为现实的那个点。我们的任务就是指明方向、列出步骤，帮助你踏上正确的道路。即使有一个精心设计的方案，我们也不会假装它很容易。对许多公司来说，集中力量创新需要作出巨大的改变。但是这并不妨碍你从小做起，用一个创新的积极成果，去引导下一个创新的开始，慢慢争取利益相关者的支持。还要让每一个人都拥抱创新，为更好地发展而改变。在沟通战略时，要用心倾听，并从反馈中学习，看看哪一步激发了大家的积极性，又有哪一步让大家难以理解。要让员工们、而不仅仅是数字来指引你，并在必要的时候作出调整。

建立一种方法来结合公司内部和外部的反馈回路。创新是一个不断发现和演进的永无止境的过程，最好的结果是，创造独特的、有价值的和值得交换的产品、服务和企业。这就是创新的真正检验。你所做的一切都应该据此来评判。不断地问自己，既定战略是否是独特的、有价值的和值得交换，这一点很关键。如果答案是否定的，它就不是创新；如果它不是创新，它就不是服务于你的长期可持续增长。

最后，在你打算实施创新战略之际，要牢记：成功会鼓舞人心并赢得利益相关者的支持，所以你应该确定一些步骤，展示以创新为焦点的益处。不仅如此，还要权衡前期努力的回报及投入，确保它们平衡。体验成功会使创新更容易进行下去，直到圆满完成目标，成为一个真正的创新型企业。这一切不可能在一夜之间发生。但就像无数公司已经证明的那样，循序渐进地转变是完全可行的。

我们在本书的故事中所讲述的那些领导者，他们都是从"我们是谁"和"我们要做什么"这样的问题开始创新的。他们一开始就让客户至上的思想保持在每个人心中的首要位置，并寻求各种方法来使生活更美好。我们知道，放弃在商业上利润高于一切的指导原则会令人不安；而能否顶住短期盈利的压力以期保证长期繁荣，也让人左右为难。事实上，没有创新不是充满痛苦和窘迫。但正如任天堂、通用电气、福特汽车、美康食品、梯瓦制药、孩之宝、巴宝莉、阿联酋航空以及其他许多拥抱创新的公司所显示的那样，回报远远大于痛苦。对于创新的争论已经持续了几十年，但它仍然是一条少有人走的路。我们衷心希望这种情形不会持续太久。

注 释

第1章

1. E. Phillip Krider, "Benjamin Franklin and Lightning Rods," *Physics Today*, January 2006, 45.

2. Interviews with Bruno Jactel, August 2010.

3. Interview Notes from Bill Ford, September 1, 2010.

4. "Steve Jobs's Commencement Speech at Stanford," Scribd, June 12, 2005, http://www.scribd.com/doc/1313/Steve-Jobss- Commencement-Speech-at-Stanford (accessed October 20, 2010).

5. Keith Barry, "Ford Bets the Fiesta on Social Networking," *Wired*, April 17, 2009, http://www.wired.com/autopia/2009/04/how-the-fiesta (accessed October 20, 2010).

6. "Michael Dell: Thinking Outside the Box," *Bloomberg Business Week*, November 22, 2004, http://www.businessweek.com/ magazine/content/04_47/b3909024_mz072.htm (accessed March 3, 2010).

7. Ibid.

8. "Why Circuit City Failed, and Why B & H Thrives," *Inc.*, http://www.inc.com/magazine/20090501/why_circuit_city_failed_and_why_bh_thrives_Printer_Friendly.html _ (accessed February 12, 2010).

第2章

1. Anthony Hallett and Diane Hallett, *Entrepreneur Magazine Encyclopedia of Entrepreneurs* (New York: John Wiley & Sons, 1997), 170–72.

2. Ibid.

3. "Adam Grosser and His Sustainable Fridge," TED interview, February 2007, http://www.ted.com/talks/adam_grosser_and_his_sustainable_fridge.html (accessed March 22, 2010).

4. "About Sara," Spanx, 2010, http://www.spanx.com/corp/index.jsp?page=sarasStory&clickId=sarasstory_aboutsara_text (accessed November 29, 2010).

5. "P&G's AG Lafley on Innovation," video interview, *Bloomberg Business-Week* [no date given], http://feedroom.businessweek.com/?fr_story=907b67debd8cfaa2bcb64ba97265d4e7a08bcfeb (accessed March 12, 2010).

6. Interview with Brian Goldner, 2010.

7. Andy Reinhardt, "Skype's 'Aha!' Experience," *Business Week*, September 19, 2005, http://www.businessweek.com/print/ technogloy/content/sept2005/tc20050919_2468.htm (accessed May 11, 2010).

8. James Gosling, "The Skype Guys," *Time*, April 30, 2006, http://www.time.com/time/printout/0,8816,1187489,00.html (accessed May 11, 2010).

9. Mike Harvey, "Skype Could Be Cut Off for Good over Dispute," Times Online, July 31, 2009, http://business.timesonline.co.uk/tol/business/industry_sectors/technology/article6735381.ece (accessed May 12, 2010).

10. Geoffrey A. Fowler and Cassell Bryan-Low, "eBay Sells Skype to Investor Group," *The Wall Street Journal*, September 2, 2009, http://online.wsj.com/article/SB12517967665375495.hml (accessed May 11, 2010).

第 3 章

1. Steve Rothwell and Andrea Rothman, with Cornelius Rahn, "Emirates Wins with Big Planes and Low Costs," *Bloomberg Business Week*, July 5–July 11, 2010, 18–19.

2. Ibid.

第 4 章

1. Interview with Martin Glenn, 2009.

2. "A History of the Potato Chip," The Nibble, http://www. thenibble.com/

reviews/main/snacks/chip-history.asp (accessed April 20, 2010).

3. "Laura Scudder," Wikipedia, July 25, 2010, http://en.wikipedia.org/wiki/Laura_Scudder (accessed November 14, 2010).

4. "Legacy of Leadership: Herman Warden Lay," South Carolina Business Hall of Fame, 2002, http://www.knowitall.org/legacy/laureates/Herman%20Warden%20Lay.html (accessed April 25, 2010).

5. "Potato Chip," Wikipedia, November 13, 2010, http://en.wikipedia.org/wiki/Potato_chip (accessed November 14, 2010).

第二部分

1. Paul Sloane," Idea Receptiveness Survey" [no date provided], http://www.leader-values.com/Content/detail.asp?ContentDetailID=1244 (accessed November 29, 2010).

2. David Brooks, "In Praise of Dullness," *The New York Times*, May 18, 2009, http://www.nytimes.com/2009/05/19/opinion/19brooks.html (accessed November 27, 2010).

3. Ibid.

第5章

1. Elana Holzman and Kevin Mannix, "Teva Reports Record Full Year 2009 and Fourth Quarter Results," Teva, February 16, 2010, http://www.tevapharm.com/pr/2010/pr_905.asp (accessed October 21, 2010).

2. Thomas Wren, *The Leader's Companion: Insights on Leadership Through the Ages* (New York, The Free Press, 1995).

3. "Biography of Jacques Nasser," Business.com [no date given], http://www.referenceforbusiness.com/biography/M-R/Nasser-Jacques-1947.html (accessed July 8, 2010).

4. Andrew English, "Volvo Sale: The End of Ford's Dream Show room," *The Telegraph*, December 2, 2008, http://www.telegraph.co.uk/motoring/news/3541886/Volvo-sale-the-end-of-Fords-dream-showroom.html (accessed

July 8, 2010).

5. "Biography of Jacques Nasser."

6. Ibid.

7. Joe DeMatio, "2010 Man of the Year: Alan Mulally, CEO, Ford Motor Company," *Automobile Magazine*, November 2009, http://www.automobilemag.com/features/awards/1001_2010_man_of_the_year_alan_mulally_ceo_ford_motor_company/index.html (accessed July 8, 2010).

8. Interview with Bill Ford, January 25, 2010.

9. Alex Taylor III, "How Toyota Lost Its Way," *Fortune*, July 12, 2010, http://money.cnn.com/2010/07/12/news/international/toyota_recall_crisis_full_version.fortune/index.htm (accessed July 15, 2010).

10. "The Toyota Way," Wikipedia, August 19, 2010, http://en.wikipedia.org/wiki/The_Toyota_Way (accessed November 14, 2010).

11. Taylor, "How Toyota Lost Its Way."

12. "John Sculley," Wikipedia, November 1, 2010, http://en.wikipedia.org/wiki/John_Sculley (accessed November 14, 2010).

13. "Apple's iMac a Sales Hit: Firm's Market Share Doubles Thanks to It," *Cincinnati Enquirer*, December 22, 1998.

14. Faith Arner, "Pass Go and Collect the Job of CEO," *Business Week*, August 4, 2003, http://www.businessweek.com/print/magazine/contet/03_31/b3844091.htm (accessed July 8, 2010).

第 6 章

1. Patricia Zacharias, "Henry Ford and Thomas Edison — A Friendship of Giants," *The Detroit News*, August 7, 1996 (accessed November 27, 2010).

2. Ibid.

3. Dan Eden, "Left Brain/Right Brain," ViewZone, 2006, http://viewzone2.com/bicamx.html (accessed October 21, 2010).

4. Diana LaSalle and Terry Brittain, *Priceless: Turning Ordinary Products into Extraordinary Experiences* (Boston: Harvard Business School Press, 2002), 9–10.

第7章

1. Interview with Dean Kamen, June 29, 2010.

2. Business Wire, "Bandai America Appoints Brian Goldner to Chief Operating Officer; Marketing Leadership and Vision Help Company Reach Highest Revenues in Four Years," The Free Library, August 19, 1999, http://www.thefreelibrary.com/Bandai+America+Appoints+Brian+Goldner+to+Chief+Operating+Offi cer%3B...-a055498034 (accessed July 8, 2010).

3. Maysa Rawi, "London Fashion Week: Burberry Makes History with World's First Star-Studded Catwalk Streamed Live in 3D," *Daily Mail*, February 24, 2010, http://www.dailymail.co.uk/femail/article-1253171/London-Fashion-Week-Burberry-set-stream-worlds-catwalk-live-3D.html (accessed July 10, 2010).

4. Robert Berner, "P&G: New and Improved," *Business Week*, July 7, 2003, http://www.businessweek.com/print/magazine/ content/03_27/b3840001_mz001.htm?chan+gl (accessed July 8, 2010).

5. Noel Tichy, "AG Lafley, Judgement, and the Re-do Loop," *Harvard Business Review* blogs, June 12, 2009, http://blogs.hbr.org/now-new-next/2009/06/aglafley-judgment-and-the-red.html (accessed November 14, 2010).

6. "Mr. Clean Car Wash Eyes Expansion," Happi (Household and Personal Products Industry), February 2, 2010, http://www.happi.com/news/2010/02/10/mr._clean_car_wash_eyes_expansion (accessed July 8, 2010).

7. Jennifer Reingold, "CEO Swap: The $79 Billion Plan," *Fortune*, November 19, 2009, http://money.cnn.com/2009/11/19/news/companies/procter_gamble_lafley.fortune (accessed July 8, 2010).

8. Ibid.

9. Ibid.

第8章

1. Jennifer Reingold, "CEO Swap: The $79 Billion Plan," *Fortune*,

November 19, 2009, http://money.cnn.com/2009/11/19/news/ companies/procter_gamble_lafley.fortune (accessed July 8, 2010).

2. "Jobs and Careers: Working at Ferrari," Ferrari, 2010, http://www.ferrari.com/English/about_ferrari/Jobs_Careers/Pages/Jobs_Careers.aspx (accessed November 14, 2010).

3. Stanford Graduate School of Business, "Customer Focus Keeps Amazon Experimenting, Bezos Says," *Stanford GSB News*, October 2003, http://www.gsb.stanford.edu/mews/headlines/vftt_bezos.shtml (accessed October 21, 2010).

4. "Jobs and Careers: Working at Ferrari."

5. Robert Berner, "P&G: New and Improved," *Business Week*, July 7, 2003, http://www.businessweek.com/print/magazine/ content/03_27/b3840001_mz001.htm?chan+gl (accessed July 8, 2010).

6. Ibid.

第 9 章

1. Amy Gunderson, "The Great Leaders Series: Ruth Handler, Co-Founder of Mattel," *Inc.*, May 1, 2009, http://www.inc.com/30years/articles/ruth-handler.html (accessed November 14, 2010).

2. "Ruth & Elliot Handler Interview," YouTube [no date given], http://www.youtube.com/watch?v=X74R36qMJUM&feature=related (accessed November 14, 2010).

3. "Corporations: All's Swell at Mattel," *Time*, November 26, 1962, http://www.time.com/time/printout/0,8816,874558,00.html (accessed August 25, 2010).

4. "Brand Idea Failures: RJ Reynolds' Smokeless Cigarettes," Brand Idea Failures and Lessons Learned blog, November 25, 2006, http:// brandfailures.blogspot.com/2006/11/brand-idea-failures-rj-reynolds.html (accessed August 25, 2010).

5. "Brand Extension Failures: Gerber Singles," Brand Extensions and Lessons Learned blog, December 1, 2006, http:// brandfailures.blogspot.com/2006/12/brand-extension-failure-gerber-singles.html (accessed August 25,

2010).

6. Vanessa L. Facenda, "Mass Merchants Face Up to Higher End Skincare," *All Business*, January 1, 2004, http://www.allbusiness.com/retail-trade/4301607-1.html (accessed August 27, 2010).

7. "Olay," Wikipedia, November 11, 2010, http://en.wikipedia.org/wiki/Olay (accessed November 14, 2010).

8. Dave Owen, "The Betamax vs VHS Format War," MediaCollege.com, May 1, 2005, http://www.mediacollege.com/video/format/compare/betamax-vhs.html (accessed November 14, 2010).

9. "The Videotape Format Wars," Wikipedia, October 16, 2010, http://en.wikipedia.org/wiki/Videotape_format_war (accessed November 14, 2010).

10. Charlie Sorrel, "Apple's iPad Sales Accelerate: Three Million Sold in 80 Days," *Wired*, June 23, 2010, http://www.wired.com/gadgetlab/2010/06/apples-ipad-sales-accelerate-three-million-sold-in-80-days (accessed August 27, 2010).

11. "SAS® Analytics Test Effectiveness of Variety of Amazon.com Features" [no date given], http://www.crm2day.com/content/t6_librarynews_1.php?id=EEppElEkVuBHCMBqjb (accessed November 14, 2010).

12. Courtland Jenkins and Geoff Tuff, "Excellence in Market Activation," Monitor, January 28, 2009, http://www.monitor.com/ Expertise/BusinessIssues/MarketingandPricing/tabid/66/ctl/ ArticleDetail/mid/685/CID/20092701142028527/CTID/1/L/en-US/Default.aspx (accessed August 8, 2010).

第 10 章

1. IGN Staff, "Profile: Satoru Iwata," IGN GameCube, July 16, 2002, http://cube.ign.com/articles/530/530986p1.html (accessed August 23, 2010).

2. Ibid.

3. James Rivington, "Wii Sends Nintendo Profits into Orbit," TechRadar UK, July 25, 2007, http://www.techradar.com/news/gaming/consoles/wii-sends-nintendo-profits-into-orbit-161327 (accessed August 23, 2010).

4. Daisuke Wakabayashi, "Nintendo Posts Full-Year Profi t Drop," *The Wall Street Journal*, May 6, 2010, http://online.wsj.com/article/SB10001424052748704370704575227531691106498.html?mod=WSJ_Tech_LEFTTopNews (accessed November 14, 2010).

5. "Employee Engagement," 3M, 2010, http://solutions.3m.com/wps/portal/3M/zh_CN/global/sustainability/our-people/employee-engagement (accessed October 21, 2010).

6. "Joseph Tucci of EMC," *Business Management*, issue 19 [no date given], http://www.busmanagement.com/article/Joseph-Tucci-of-EMC (accessed August 23, 2010).

出版后记

创新是企业界近年来争论得最多的话题之一，因为"创新还是死亡"已经成为21世纪企业的主题曲，正如柯健先生在序言中所说：我们全社会正从"管理型"向"创新型"转变，身处其中的每个人尤其是企业家应不断学习以应对这一新的挑战。说"争论"是因为"创新"这一词语并无被一致认可的定义，而从实践上看，从微小的产品升级到颠覆性的革新产品，都可以称为创新。虽然创新的重要性人人认可，但更重要的是，怎样才是实现创新的最佳方式呢？

这是本书回答的问题。作者独具一格地将高效领导力与创新的流程和环境结合起来，因为他们从加起来超过五十年的经验以及与全球众多顶级企业的 CEO 和高管们的交流中认识到：构想出真正的创新的精髓在于领导力，但如果没有适宜的文化环境，创新的种子很难结出商业成果。

本书的重要性正是在于，作者将这些洞察力系统化，发展成了一套简单易行的创新框架。书中第一部分，从辨析发现、发明和创新开始，一步步揭示创新的本质，并归纳出四种类型的创新及其界定特征和商业属性。第二部分讨论领导者在创新中的角色，提出最核心的概念——创新领导力，在四种创新的基础上，总结出四种相对应的领导力。第三部分则将创新与领导力结合起来，探讨在什么样的组织文化下，创新才能实现并达成最大的效果。这一框架，如金汤宝公司总裁丹尼斯·莫里森所说，"提供了一幅伟大的创新路线图"。

其实，原书的副书名能很好地解释作者写作这本书的原因："伟大的领导者如何创造驱动可持续增长的创新——而为什么其他人失败了。"作者研究福特汽车、通用电气、雅诗兰黛、苹果、孩之宝等全球顶级企业的成就得失，为企业培养创新领导者提供了切实可行的指南；企业通过创新领导者来实现创新，则风险更低，成功的可能性也就越大了。而且如美国梅肯研究院高级研究员乔尔·库兹曼所指出的：本书揭示了创新中被遗忘的要素——让员工发挥最大潜力。这一点可能不言自明，但其正是许多企业创新执行不力的原因，而且它意味着企业必须为创新匹配恰当的流程和文化。这也是我们的企业在走向全球的过程中需要改善的地方。

本书的出版，有赖冯国雄先生的推荐，并得到了作者的知交好友美国鼎泰信诚投资集团董事长柯健先生的大力支持，他为本书欣然作序推荐，在此特别致谢。

服务热线：133-6631-2326　139-1140-1220
读者信箱：reader@hinabook.com

后浪出版咨询（北京）有限责任公司
2012 年 11 月

图书在版编目（CIP）数据

大创新 /（美）史蒂文森著 ; 杨欣译 .——北京：世界图书出版公司北京公司，2012.11
书名原文：Breaking Away
ISBN 978-7-5100-5400-6

Ⅰ.①大… Ⅱ.①史… ②杨… Ⅲ.①技术革新—研究 Ⅳ.① F062.4

中国版本图书馆 CIP 数据核字（2012）第 254018 号

Jane Stevenson, Bilal Kaafarani
Breaking away : how great leaders create innovation that drives sustainable growth—and why others fail
ISBN 0-07-175394-X
Copyright © 2011 by Jane Stevenson and Bilal Kaafarani.
All Rights reserved. No part of this publication may be reproduced or transmitted in any form or by any means, electronic or mechanical, including without limitation photocopying, recording, taping, or any database, information or retrieval system, without the prior written permission of the publisher.
This authorized Chinese translation edition is jointly published by McGraw-Hill Education (Asia) and Beijing World Publishing Company.This edition is authorized for sale in the People's Republic of China only, excluding Hong Kong, Macao SAR and Taiwan.
Copyright © 2012 by McGraw-Hill Education (Asia), a division of the Singapore Branch of The McGraw-Hill Companies, Inc. and Beijing World Publishing Company.

版权所有。未经出版人事先书面许可，对本出版物的任何部分不得以任何方式或途径复制或传播，包括但不限于复印、录制、录音，或通过任何数据库、信息或可检索的系统。
本授权中文简体字翻译版由麦格劳 - 希尔（亚洲）教育出版公司和世界图书出版公司合作出版。
此版本经授权仅限在中华人民共和国境内（不包括香港特别行政区、澳门特别行政区和台湾）销售。
版权 ©2012 由麦格劳 - 希尔（亚洲）教育出版公司与世界图书出版公司所有。
本书封面贴有 McGraw-Hill 公司防伪标签，无标签者不得销售。
北京市版权局著作权合同登记号图字 01-2012-1686

大创新：通往顶级企业之路

著者：（美）简·史蒂文森 比拉尔·卡法拉尼	译者：杨欣 冯国雄	筹划出版：银杏树下
出版统筹：吴兴元	责任编辑：徐樟	营销推广：ONEBOOK	装帧制造：墨白空间

出　　版：世界图书出版公司北京公司
出 版 人：张跃明
发　　行：世界图书出版公司北京公司（北京朝内大街 137 号 邮编 100010）
销　　售：各地新华书店
印　　刷：北京鹏润伟业印刷有限公司（北京市大兴长子营镇李家务村委会南 200 米 邮编 102615）
（如存在文字不清、漏印、缺页、倒页、脱页等印装质量问题，请与承印厂联系调换。联系电话：010-80261198）

开　　本：690×960 毫米　1/16
印　　张：12　插页 4　　　　　　　　　　　　　　　　字　　数：189 千
版　　次：2013 年 2 月第 1 版　　　　　　　　　　　　印　　次：2013 年 2 月第 1 次印刷

读者服务：reader@hinabook.com　139-1140-1220
投稿服务：onebook@hinabook.com　133-6631-2326
购书服务：buy@hinabook.com　133-6657-3072
网上订购：www.hinabook.com（后浪官网）

ISBN 978-7-5100-5400-6　　　　　　　　　　　　　　　　定　价：29.80 元

后浪出版咨询（北京）有限公司常年法律顾问：北京大成律师事务所　周天晖　copyright@hinabook.com

版权所有　翻印必究

市场营销（插图修订第 9 版·普及版）

著者：（美）罗杰·A·凯林
　　　史蒂文·W·哈特利
　　　威廉·鲁迪里尔斯
译者：董伊人　史有春　何健　等
书号：978-7-5100-4991-0
定价：78.00 元　　2012 年 12 月出版

**超越菲利普·科特勒《市场营销原理》
当今世界最畅销的市场营销学教科书**

大学堂 029-02

　　凯林等教授的《市场营销》是世界上最畅销的市场营销教科书。本书以反应当前顾客关系管理和顾客价值创造为核心的市场营销理念为指导思想，运用独特、创新和有效的教学方法，整体综合地展现了当代营销理念，与同类型的市场营销学教材相比可谓出类拔萃。同时，秉承前面 8 个版本的一贯风格，本书在严密的逻辑构架下，引入大量对企业、营销专家和企业家生动、准确的描述案例，帮助读者更深入地理解和掌握市场营销。

　　作为市场营销教材，本书已被翻译成 11 种语言，除了作者教导过的超过 5 万名学生，世界上有超过 100 万名学生从中受益。现代社会的个人，学习、工作和生活中都离不开营销，非营销专业的学生和从业者，也有必要获得这方面的知识和洞察力。本书写作风格易于阅读和理解，是学习营销知识的最佳选择。

　　凯林等的《市场营销》以反应当前管理顾客关系为核心的市场营销理念为指导思想，在内容上囊括顾客体验管理、聚焦市场多元化、使用营销仪表盘，整体综合地展现了现代营销概念，与同类型的市场营销学教材相比可谓出类拔萃。

　　　　　　　　　　　　——郭国庆，中国人民大学商学院教授

　　本书概念的完整性、工具的实用性、事例的代表性以及背景的时效性可保证其成为目前同类著作中的佼佼者，相信也会成为营销学知识宝库中的经典。

　　　　　　　　　　　　——韩顺平，南京大学商学院市场营销系教授

　　经过南京大学商学院市场营销课程的教学使用，该书受到了师生们的普遍欢迎。我们感到，与同类教材相比较，该教材紧跟时代、契合当代教学技术的发展和师生的教学需要，内容安排合理，概念清楚，注重体验式学习。

　　　　　　　　　　　　　　　　　　　　　　　——译者

经济学的思维方式（修订第12版）

著者：（美）保罗·海恩 等
译者：史晨 主译
书号：978-7-5100-4217-1
定价：49.80元　2012年3月出版

　　同现行的教材相比，本书是一种根本性的变革。……恰如本书标题揭示的，经济学的力量就在于它是一种思维方式。对这种思维方式的理解曾经是（今后也一直是）经济学对社会科学的革命性贡献，它有助于我们增进对周遭世界的理解。

——道格拉斯·诺斯，1993年诺贝尔经济学奖得主

　　经济学对学习者真正有用的，是在这些错综复杂的理论背后，所反映出的一套观察个人行为及社会现象的思维方式。保罗·海恩的《经济学的思维方式》以对活生生的、日常发生的现象解析来阐述此点，并帮助学生学会像经济学家那样思维，有助于初学者掌握现代经济学的精髓。

——林毅夫，世界银行高级副行长及首席经济学家

战略：高管的视角（第4版）

著者：（美）科尼利斯·德·克鲁维尔
　　　约翰·皮尔斯二世
译者：马昕 译
书号：978-7-5100-4860-9
定价：32.00元　2012年9月出版

　　本书特别能让管理者决定哪些战略方法与模型是暂时的或必须持续执行的；对企业的成功与持续运行都有哪些贡献。这本书能让管理者决定哪些特定的战略方法适合在他们的企业中推行，使他们在特定时间和地点下，仍能专注于他们的目标。这是一本重要的书。

——彼得·德鲁克